Neudörfl bei Wiener Neustadt, Hauptstraße 8

GÜNTHER HALLER

CAFÉ UNTERGANG

GÜNTHER HALLER

CAFÉ UNTERGANG

Stalin, Hitler, Trotzki, Tito
1913 in Wien

MOLDEN

Inhalt

Wien 1913: Am Tor der Geschichte	6
Walzerseligkeit und Proletarierelend	11
Zwei russische Aufrührer in Wien	18
Hitler und Stalin: Zwei, die auf ihre Stunde warten	25
Das menschliche Treibgut der Stadt	32
Trotzki, ein Revolutionär mit Manieren	41
Das Wien der Randständigen und Deklassierten	49
Ein Aufsteiger mit Ambitionen	62
Das russische Netzwerk von Wien	70
Zwischen Armenquartier und Bürgersalon	77
Ein zerstrittener Haufen: Die Wiener Bolschewisten	89
Bühne und Wohnzimmer: Das Kaffeehaus	99

Hitler und die Radikalisierung der Massen	110
Kampf um die untergehende Monarchie	119
Der Radikale und die Sozialdemokraten	131
Stalins Werk und Wiens Beitrag: Die Nationalitätenfrage	142
Das Dröhnen der Automobile: Tito als Testfahrer	150
Pulverfass Balkan: Das Grollen vor der Haustür	161
Die „Revolutionäre des Bösen" und ihre Wiener Zeit	172
Literatur und Quellen	182
Personenregister	186
Dank	190
Über den Autor	191

Wien 1913:
Am Tor der Geschichte

Ein finsterer, pockennarbiger Mann stieg im Jänner 1913 am Wiener Nordbahnhof mit seinen Bauernstiefeln aus dem Zug. Die Stadt lag unter einer Schneedecke, es war eiskalt. Doch das war er gewohnt: Er hatte schon etliche Jahre in sibirischen Straflagern verbracht. Vor Kurzem hatte er sich den Kampfnamen Stalin zugelegt, nach Wien kam er im Auftrag Lenins. Mit gefälschtem Pass, wie bei ihm üblich. Hätte die Wiener Polizei geahnt, dass hier ein steckbrieflich gesuchter Terrorist ankam, ein marxistischer Fanatiker, hätte sie schnell reagiert. Doch keine Behörde nahm Kenntnis von ihm. Was war seine Mission? Wer gab ihm Unterkunft?

Die Quartierfrage quälte alle, die sich damals als menschliches Treib- und Strandgut in der Stadt herumtrieben. Einer von ihnen, ein Provinzler aus Oberösterreich, war ganz unten angelangt. Adolf Hitler schrieb später selbst, er habe in Wien Not und Elend, Hunger und Armut kennengelernt. In seinem Kopf waberten antiurbane, antisemitische und rassistische Gedanken. Die multinationale Großstadt Wien war der Gegenpol schlechthin. Was er in Wien sah, bestärkte ihn in seiner Abwehrhaltung gegenüber dem Vielvölkerstaat, in dem er lebte. Er wurde zunehmend radikalisiert.

Lew Dawidowitsch Bronstein war zu dieser Zeit fast so etwas wie eine stadtbekannte Größe in Wien. Er war der bunteste Hund in der schillernden russischen Emigrantenszene. Man war es gewohnt, dass er am Abend im Café Central auftauchte, am „Sozialistenstammtisch" Station machte, wo Victor Adler saß, und heftig mit den Anwesenden zu diskutieren begann. Man war sichtlich nicht einer Meinung über die Zukunft des Sozialismus. Dieser russische Emigrant, der sich Trotzki nannte, war den Wiener Roten einfach zu links. Dann vergrub er sich stundenlang in die Zeitungen oder spielte Schach. Ein Bohemien eben, dachte man an den Kaffeehaustischen, wo die österreichischen Politiker und Diplomaten saßen, intellektuell wach, nicht ohne Charme, aber nicht gefährlich.

Einer, der durch die angelaufenen Scheiben der Kaffeehäuser schaute, war der junge Schlosser Josip Broz aus dem kroatischen Landesteil der Monarchie. Solche wie er, „Krowoten", durften da nicht hinein, konnten es sich auch gar nicht leisten. Da er ein besonderes Faible für die Autoindustrie hatte, hatte er in Wiener Neustadt einen Arbeitsplatz gesucht und gefunden, aber die Millionenstadt Wien faszinierte ihn und jedes Wochenende unternahm er lange Fußmärsche dorthin. Tito nannte er sich damals noch nicht, aber sozialistische Ideen spukten bereits in seinem Gehirn herum. Die Verwandtschaft zu Hause machte sich schon Sorgen deswegen.

Warum zog es die vier, die im 20. Jahrhundert tiefe Spuren hinterlassen sollten, in den Jahren vor dem Ersten Weltkrieg nach Wien? Hier war nicht unbedingt der Nabel der Welt. London, die Hauptstadt des Empire, war zehn Mal so reich, in Paris pulsierte das moderne Leben ungleich stärker, Berlin war der Feldherrenhügel der schlagkräftigsten Militärmacht des Kontinents, in New York schossen die ersten Wolkenkratzer in den Himmel. Wien, schrieb Robert Musil, „war um einiges kleiner als alle anderen großen Städte der Welt, aber doch um ein Erkleckliches größer, als es bloß Großstädte sind". Und war Wien nicht das Zentrum des siechen Reiches eines alternden Kaisers? Eines von nationalen Konflikten gebeutelten Staates von gestern, der in den Abgrund zu schlittern drohte?

Doch in Sachen Weltoffenheit war das multinationale Wien ganz und gar nicht unterlegen. Die Stadt war in den Jahren vor dem Ersten Weltkrieg zum Tummelplatz von Emigranten aus verschiedensten Ländern geworden, darunter Aktivisten aller möglichen politischen Strömungen. Sie besaß geistige Antennen für die Zeitenwende, die sich gerade vollzog. „Man wusste wenig in Berlin oder Paris über das, was in Wien vorging, aber man wusste sehr wohl in Wien, was in London, Paris oder Berlin in der Geisteswelt geschah." (Carl E. Schorske)

Nie vorher und nie nachher waren Hitler und Stalin, die beiden größten Massenmörder des 20. Jahrhunderts, einander näher als im Jänner 1913 in Wien. Beide trieben sich auf den Straßen herum, beide hatten gerade nichts zu tun. Nicht einmal als die ideologischen Kontrahenten 1939 ihren berühmten Pakt schlossen, bevor sie sich im schrecklichsten Krieg der Geschichte bekämpften, begegneten sie einander. Stalins nächste Auslandsreise fand überhaupt erst dreißig Jahre später statt, 1943, als er zum Treffen der Alliierten in Teheran reiste.

Verlockend ist das Gedankenspiel, dass sich Hitler und Stalin beim Herumstreunen in Wien über den Weg gelaufen sein könnten, möglicherweise sogar Augenkontakt hatten. Florian Illies spekulierte in seinem Bestseller „1913. Der Sommer des Jahrhunderts" darüber: Der gescheiterte Student und der russische Revolutionär hätten einander beim Flanieren zugenickt. Beide bevorzugten den Schönbrunner Schlosspark für ihre Spaziergänge, ganz in seiner Nähe lag Stalins Quartier. Hätte es damals eine Handy-Ortung, ein „Contact Tracing" gegeben, hätten wir Gewissheit.

Sich hypothetische Begegnungen zwischen den größten Berühmtheiten ihrer Zeit auszumalen war immer beliebt, Aristoteles und Alexander der Große, Martin Luther und Michelangelo, und so weiter. Es regt so schön die Fantasie an. Unter Historikern gilt derartige kontrafaktische Geschichtsschreibung hingegen als unseriös, die Frage „was wäre gewesen, wenn" wird in den Bereich der Unterhaltung verwiesen. Dass sich aber im Wien der Zeit unmittelbar vor dem Ersten Weltkrieg die Protagonisten der großen revolutionären Bewegungen des 20. Jahrhunderts aufhielten, Hitler, Stalin, Trotzki und sporadisch auch Tito, ist mehr als ein Kuriosum der Wiener Geschichte, es beschäftigte auch seriöse Biografen und Zeitgeschichtler. Sie konzentrierten sich auf das Thema „der Diktator als junger Mann" – es wurde zu einem beliebten Buchsujet. Das zufällige Nebeneinander der vier in Wien (nur zwischen Stalin und Trotzki kam es zu einem persönlichen Treffen) wäre eigentlich ein interessanter Stoff für ein Theaterstück. Doch weder ein Rolf Hochhuth noch ein Friedrich Dürrenmatt oder Tom Stoppard haben sich darangemacht. Ihnen würde man jede Art von Spekulation durchgehen lassen.

Rund 2.500 Kilometer trennte die georgische Heimat von Iossif Wissarionowitsch Dschugaschwili, dem späteren Stalin, vom oberösterreichischen Innviertel, in dem Hitler geboren wurde. Die regionalen Besonderheiten und die gesellschaftlichen Bedingungen waren denkbar verschieden. Und dennoch gab es Gemeinsamkeiten zwischen ihnen, sie treffen auch für Trotzki und Tito zu. Alle wurden sie an der Peripherie ihrer Staaten geboren, und sie standen auch in ihrer Gesellschaft am Rand. Ihre Ansichten waren bestimmt von der Welt, in der sie heranwuchsen, ihre Denkmuster, Marxismus, Sozialdarwinismus, Rassismus, Nationalismus, stammten aus dem 19. Jahrhundert. Ihr Aufstieg aus ärmlichen Verhältnissen war nur möglich, wenn die alten Ordnungen zusammenkrachten. Rechneten sie damit? Teilten sie wie manche Staatsmänner das Bild von einem anachronistischen Habsburgerreich, das aufgrund der Schwäche seiner Institutionen und dem Unvermögen, den Anforderungen der Moderne gerecht zu werden, zum Untergang verurteilt war?

Haben die vier in der Donaumetropole ihre Spuren hinterlassen, hat die Stadt, hat die Zeit sie geprägt, dazu beigetragen, dass sie so wurden, wie wir sie kennen? Ist das überhaupt denkbar bei der Kürze des Aufenthalts? Für Hitler sind die Einflüsse vielfach nachgewiesen worden. Gilt das auch für die anderen drei? Wer von ihnen hat von der Anwesenheit eines anderen gewusst? Kann man daraus irgendeine Erklärung ableiten für das, was später geschah? Reicht die Quellenlage überhaupt aus für solche Schlussfolgerungen?

Trotzki, der wache Intellektuelle, fühlte sich wohl in Wien. Er spielte nicht nur Schach im Kaffeehaus, er war auch ein besessener Zeitungsleser und Diskutant. Es gab kaum etwas, was ihn nicht interessierte und beschäftigte, vom Pulverfass Balkan bis zu den modernen Kunstrichtungen im Wien des Fin de Siècle. Was bekam der weit weniger polyglotte und sprachgewandte Stalin mit von Wien? Er hatte einen Auftrag Lenins zu erfüllen. Interessierte ihn etwas darüber hinaus?

Auch die umgekehrte Fragestellung ist interessant: Wie stand man eigentlich in Wien zum Geschehen in Russland, in dem Stalins Genossen gerade zur Eroberung der Macht ansetzten? So wie man im Habsburgerreich mit der Nationalitätenfrage umging, konnte das ein Vorbild sein für die zukünftigen Machthaber des multinationalen Imperiums im Osten? Herrschte schon Bolschewisten-Angst im brüchig werdenden System der K.-u.-k.-Monarchie? Gehörte auch der junge Josip Broz (Tito) zu den radikalen kroatischen Nationalisten, die der Regierung in Wien das Leben schwer machten?

Bis jetzt fehlt eine derartige Zusammenschau, ein Einblick in das Leben dieser vier jungen Männer von damals. Im Jahr 1913 waren sie 35 (Stalin), 34 (Trotzki), 24 (Hitler), 21 (Tito), mit Ausnahme Titos also nicht mehr im jugendlichen Alter. Dennoch standen sie alle erst am Anfang ihrer Karrieren, hatten noch nicht viel erreicht, waren weit von einflussreichen Positionen entfernt. Sie waren nur ein paar Wochen in Wien wie Stalin und Tito beziehungsweise sechs bis sieben Jahre wie Hitler und Trotzki. Konnte das die Richtung mitbestimmen, die sie nun einschlugen?

Walzerseligkeit und Proletarierelend

Als Auguste Rodin im Juni 1902 Wien besuchte, war er zu Gast bei der Grande Dame des distinguierten Wiener Salons, Berta Zuckerkandl. Es gab Kaffee und Kuchen, Gustav Klimt war da, in Begleitung von zwei wunderschönen Frauen, die auch Rodin entzückten, durch die geöffneten Flügeltüren drang Klaviermusik von Franz Schubert. Rodin beugte sich zu Klimt und sagte: „So etwas wie bei Euch hier habe ich noch nie gefühlt! Ihre Beethoven-Freske, die so tragisch und so selig ist; Eure tempelartige unvergessliche Ausstellung und nun dieser Garten, diese Frauen, diese Musik! Und um Euch, diese kindliche Freude! Was ist das nur?" „Ich übersetzte Rodins Worte", so Berta Zuckerkandl, „und Klimt neigte seinen schönen Petrus-Kopf und sagte nur ein Wort: ‚Österreich!'"

Es ist dies die Atmosphäre der langsam im Abendrot versinkenden Monarchie, die nach ihrem Untergang zu so viel nostalgischer Verklärung führte, in der Literatur, in Tagebüchern, in Memoiren und bei Historikern. „Erinnerung an das Paradies vor dem Krieg", schrieb Arthur Schnitzler am letzten Tag des Jahres 1918 in sein Tagebuch. Die Herrschaft der Habsburgerdynastie wirkte aufgrund ihrer langen Geschichte für eine Mehrheit „natürlich" und „gottgegeben". Trotz moderner Entwicklungen wie Säkularisierung und Nationalismus erschien sie noch immer als eine „politische Notwendigkeit" und „unerlässlich", um das weitläufige und komplizierte Reich zusammenzuhalten.

Doch gerade das Beispiel Wien zeigt: Das alte Österreich hat nicht, wie vielfach behauptet, bis 1914 gedauert. In Wien waren die politischen Modernisierungen am stärksten sichtbar. Die jüdische

Bourgeoisie war die treibende Kraft und soziale Trägerschicht einer wohl einmaligen Bündelung an Kreativität und Intellektualität im Fin de Siècle. Eben weil man sich hier so lange rückständig gefühlt hatte gegenüber den geistigen Strömungen der übrigen Metropolen, war man offen für neue Gedanken. Entwicklungen, die anderswo schon ihren Höhepunkt überschritten hatten, wurden nun übernommen, aber nicht kopiert, sondern in neuem Geist nachvollzogen. Große Teile des Bürgertums waren durchtränkt mit Bildung und Kultur.

Victor F. Weisskopf stammte aus einer jüdischen großbürgerlichen Familie und genoss die beste Erziehung: „Wir Kinder wurden fast überernährt mit Schiller, Goethe, Burgtheater, Museum, Kultur, Italienreisen, Frankreichreisen. Daneben waren wir natürlich, besonders die jüngere Generation, sehr an den neuen Dingen interessiert." Gemeint waren damit auch die neuen Ideen des Sozialismus, des Marxismus, der Revolution. Doch in den meisten bürgerlichen Haushalten wurde nie ernstlich über Politik gesprochen, schon gar nicht über Außenpolitik. „Das Erbe Metternichs, das Vermächtnis der Habsburgermonarchie, schien intakt", erinnerte sich der Historiker Friedrich Engel-Jánosi, „die Außenpolitik war das Reservat des Kaisers und eines kleinen Kreises auserwählter eingeweihter Ratgeber. Das Bürgertum weithin hatte andere Sorgen: möglichst keine Sorgen zu haben." Man hörte Kammermusik, es waren die Jahre, in denen die späten Streichquartette Beethovens erst wirklich weitere Kreise eroberten. Friedrich August von Hayek erinnerte sich, wie sehr bei seiner Erziehung auch auf die Naturwissenschaften, vor allem die Biologie, Wert gelegt wurde. Sie waren „beherrschend für das häusliche Milieu".

Egal, ob man aus der Politik oder Wirtschaft, Wissenschaft oder Kunst, aus dem Journalismus oder der Literatur kam: Die Elite, die sich in den Salons und Cafés regelmäßig traf, entwickelte bis 1900 einen starken Zusammenhalt. Allgemeinbildung und der Hang zur Kultur vereinten sie. Das war in größeren Städten wie Paris oder Berlin nicht so, hier waren die Gruppen abgeschlossener, man kannte sich kaum. In Wien vollzog sich die „Entfremdung" der Intellektuellen von der höheren Mittelschicht später, dafür aber „rascher und sicherer" (Carl E. Schorske).

Um die Komplexität der Wiener Modernität zu veranschaulichen, sprach der 1885 geborene Berthold Viertel von den zwei Generationen, die sich gegenüberstanden: „Kurz gesagt: die der Väter und die der Söhne. Im Allgemeinen sind die Väter diejenigen, die zu erhalten versuchen, die Söhne sind die Revolutionierenden und Nihilisten. Aber die Skepsis geht schon von den Vätern aus. Auch die Väter fühlten sich auf verlorenem Posten." Zu den „zerstörenden Söhnen" gehörten für Viertel Kronprinz Rudolf, Erzherzog Ferdinand, Friedrich Adler, Oskar Kokoschka, Gustav Mahler und – Adolf Hitler. Zu den „erhaltenden Vätern" Franz Joseph I., Victor Adler, Sigmund Freud.

Die „Väter" prägten noch die Hochkulturszene, sie „residierten in den Villen des Cottageviertels, im Olymp: die Schnitzler, Hofmannsthal, Beer-Hofmann, die Heroen der eigentlichen spät-wienerischen Literatur", so Berthold Viertel. Konzentriert war ihre Macht in der meinungsmachenden „Neuen Freien Presse" und dem Burgtheater als den Kulturinstitutionen schlechthin, hier zelebrierten sie theatralisch melancholisches Endzeitgefühl, Vergänglichkeit, Tod. Die „Söhne" lehnten diese graziöse, elegante und mondäne „Kunstblüte" als ornamental und verlogen ab. Die „kaffeehausdekadenzmoderne" Szene fand ihren entschiedensten Gegner in Karl Kraus, er war der „Spielverderber" im Wiener Kulturleben, griff alle an, die mächtig waren, Banken, Börse, Kartelle, die korrupte Presse, das Cliquenwesen in der Kunstszene, schonungslos und persönlich. Das erklärt auch, warum viele aus der Generation der „Söhne" den Kriegsausbruch 1914 als „Befreiungsschlag" von den alten Strukturen sahen, als kathartisches Erlebnis, Erfüllung ihrer Sehnsüchte. Karl Kraus war da freilich eine Ausnahme, er konnte sich nie für den Krieg begeistern.

Charakteristisch für das Habsburgerreich war die Mischung der zahlreichen ethnischen Gruppen. Staatspolitisch waren die

Völker in Ostmittel- und Südosteuropa bis 1918 entweder zur Gänze (Ungarn, Slowaken, Tschechen, Slowenen, Kroaten) oder zum Teil (Polen, Ukrainer, Serben, Rumänen, Albaner) Untertanen des habsburgischen Kaiserhauses. Wien war der Brennpunkt dieses Nationen- und Sprachengemischs, die Stadt strahlte als Bildungsmetropole bis an die Ränder des Imperiums.

Man war Untertan des Kaisers und viele bezogen daraus ihre Identität. „Die österreichische Identität war nicht wie überall sonst seit der Französischen Revolution eine Nationalidentität, sondern eine staatliche, oder wenn man will, eine dynastische Identität." Das schrieb Manès Sperber, der als Beispiel einen Autor wie Joseph Roth angibt, der seine eigene Identität ununterbrochen verfälscht habe, und immer sei der Zweck der Verfälschung der gewesen, eine andere Identität zu finden als die, die er hatte. Eine homogenere Nation war nicht in gleicher Weise zu diesem Miteinander-existieren-Müssen gezwungen wie die Melange des Vielvölkerstaats. Mehrsprachigkeit war allein schon durch die Herkunft gefordert, einer wie Theodor Herzl sprach selbstverständlich neben seiner ungarischen Muttersprache ein perfektes Deutsch, wie überhaupt die Juden ihr Plansoll an Anpassung, Assimilation und Wandlung perfekt erfüllten.

Umgekehrt wurden die Gebildeten unter den Deutschsprachigen durch den Zustrom aus den Kronländern und das Nebeneinander verschiedener Talente in der Hauptstadt ermuntert, „in weiteren Perspektiven zu denken und eine größere Anzahl von Erfahrungen in ihrem Denken zu integrieren". So William M. Johnston, der auch auf die Folgen für die Medizinforschung und die Schaffenskraft in der Musik hinwies: „Die Wiener medizinische Fakultät verdankte einen Teil ihres Ruhmes der Tatsache, dass ihre Patienten aus mehr als einem Dutzend ethnischer Gruppen aus einer Gesamtbevölkerung von mehr als 50 Millionen Menschen kamen. Die Opfer der seltensten Krankheiten kamen routinemäßig nach Wien zur Behandlung. Ein ähnliches Phänomen ereignete sich in der Musik, denn Volksmusik der verschiedensten Herkunft konnte in Wien gehört werden. Haydn, Schubert, Brahms und vor allem Mahler bedienten sich der Mannigfaltigkeit einer Volksmusik, wie sie in Deutschland oder Frankreich unbekannt war." Wissenschaftler erinnerten sich im Rückblick an die Zeit eines wirklichen geistigen Liberalismus.

Über diese geistige Elite gibt es eine Fülle an Literatur. Unzählige Bücher schildern, wie im Herzen Wiens der alte Kaiser um den Mythos des alten Reiches rang. Autoren liefern uns ein Gesellschaftsbild des ökonomisch potenten Bürgertums, das am Prachtboulevard der Ringstraße seinen Erfolg zur Schau stellte, den Erfolg eines spät gekommenen Kapitalismus. Doch das Wien nach 1900 war mehr als das, es war „ein eigensinniges Konglomerat", ein „gebrochener, sozial gespaltener und segregierter Stadtkörper" (Wolfgang Maderthaner), mit unterschiedlichsten sozialen, politischen und kulturellen Entwicklungen. Denn außerhalb der Ringstraße, in dem Bogen der acht eingemeindeten Vorstädte, räsonierte ein der Moderne reserviert gegenüberstehendes Kleinbürger- und Beamtentum über den Verlust des „Alten Wien" mit seiner Beschaulichkeit und Übersichtlichkeit.

Egal von welcher Seite man sich Wien näherte, überall sah man die Stadt von einem mehr oder minder dichten Schornsteinwald umringt, in den sich nur die Gebiete mit villenartiger Verbauung, die Cottages, als große Lücken hineinschoben. Das Wiener Adressbuch („Lehmann") wies nicht weniger als 940 fünfspaltige Seiten auf, die gefüllt waren mit der Aufzählung von Wiener Gewerbe-, Industrie- und Handelsbetrieben. Allmählich waren die Zwischenräume zwischen den Vorstädten innerhalb und den Vororten außerhalb des Gürtels verbaut worden, vielstöckige moderne Zinshäuser und Fabriksviertel bildeten den Kitt zwischen der älteren Stadt und den neuen Bezirken, die Schritt für Schritt in das Netz der städtischen Wasserleitung, Beleuchtung und Straßenbahnen integriert wurden, aber in vieler Hinsicht ihren Grundcharakter bewahrten.

In den Vororten konzentrierten sich soziale Not, Wohnungselend und potenzieller Aufruhr, eine Folge der Massenzuwanderung armer Leute. Als Antwort auf die uneingelösten humanistischen Versprechungen des Liberalismus formierte sich in der Masse der Proletarier eine egalitäre, auf soziale Gleichheit gerichtete politische Utopie. Diese lebensweltlichen Kulturen der Vorstädte, die Welt der Zuwanderer, Fabriksarbeiter und städtischen Parias, die Vorstadtkultur mit ihren Bierhallen, Beiseln, Singspielhallen und Varietés, blieb in den Darstellungen der Stadtgeschichte lange Zeit ausgeblendet.

Das Wien der Armen, Deklassierten, Tagelöhner und Dienstboten entzog sich der bürgerlichen Wahrnehmung, fiel gleichsam aus der von ihr geschaffenen Welt. Lag es daran, dass in den Vorstädten das soziale Elend hinter einer Fassade von beeindruckender Schönheit verborgen war? Die Zinskasernen, die der Ziegelfabrikant Heinrich Drasche hier erbauen ließ, waren äußerlich wahre Prachtbauten. Der Unterschied zwischen den konzentrischen Kreisen, die Wien damals definierten, lag nicht im Baulich-Ästhetischen, sondern zeigte sich erst, wenn man die Zinshäuser betrat, den Geruch der überbelegten Wohnungen einatmete, ihre Aborte sah. Der junge austromarxistische Parlamentsbibliothekar Karl Renner sprach davon, dass die schreiendste Anklage gegen die Erbärmlichkeit dieser Gesellschaftsordnung aus ihren Quartieren hervorgekrochen sei.

So war die Stadt „geteilt in begehbare und unbegehbare Territorien" (Maderthaner). Ivan Cankar (er wurde später zum Schöpfer der modernen slowenischen Nationalliteratur) verbrachte das erste Jahrzehnt des 20. Jahrhunderts als verkrachter Student, Bohemien und erfolgloser sozialdemokratischer Reichsratskandidat in Wien. Er hatte sein Quartier in der Arbeitervorstadt Ottakring bei einer in Heimarbeit tätigen Näherin und wurde zum Chronisten des vorstädtisch-proletarischen Lebens: „In diese Gegend scheint nie die himmlische Sonne. Über den Dächern rankt Rauch aus Fabriken, und gehst du die Gasse entlang, fällt dir Ruß ins Gesicht. Die Häuser sind hoch und langweilig; die Leute, die dir hier entgegenkommen, sind schlecht gekleidet, ihre Wangen sind hohl, und ihr

Blick ist unzufrieden. Diese öde Vorstadt erstreckt sich in weitem Umkreis; geh Richtung Osten oder Westen, nirgends ein Ende."

Es ist vor allem dieser Stadtraum außerhalb der Ringstraße, der das Thema dieses Buches ist. Denn hier finden sich die Spuren der vier Protagonisten, in Meidling, Hütteldorf, Döbling, beim Westbahnhof, in der Brigittenau, im Wiener Neustädter Raum, von wo man sich leicht zu Fuß in Richtung Stadtgrenze aufmachen konnte, um die Vergnügungslokale der Wiener Vorstadt zu besuchen. Einer von ihnen, der sich für einen verkannten Künstler hielt, besuchte regelmäßig auch die innere Zone, die des großstädtischen Bürgertums, und verweilte stundenlang staunend vor seinen Kulturtempeln.

Zwei russische Aufrührer in Wien

Wenn Kaiser Franz Joseph nach längerer Abwesenheit – er verbrachte die Sommer in Bad Ischl – nach Wien zurückkehrte, Anfang September, wurde er auf seiner Fahrt vom Bahnhof Penzing bis zur Schönbrunner Schloßstraße von einem Spalier jubelnder Bürger begrüßt, 1913 waren es angeblich 200.000. Man spielte die Volkshymne und der Kaiser zeigte sich gerührt über die Hochrufe. Immer wieder hob er die Hand grüßend zur Kappe. „Viel mehr als den Wagen, dessen Radspeichen vergoldet sind, kriegt man ja auch sonst nicht zu sehen", schrieb Felix Salten, „höchstens, dass noch des gleichfalls goldgeschirrten Leibjägers weißer Federbusch, der so stolz im Wind flattert, als Augenweide gelten kann, und dass man sich der prachtvollen Pferde freut, die im Laufen so nobel mit dem Kopf nicken. Dann ist alles wieder vorüber." Doch auch wenn man dem Kaiser nicht direkt ins Auge geblickt hatte, war da doch der Glanz seiner Nähe, verspürte man einen flüchtigen Hauch von kaiserlicher Macht. „Niemals versagte diese Wirkung", so Salten, „man könnte ein Theaterstück schreiben, das auf jeder Wiener Bühne einschlagen würde: ‚Der Kaiser kommt!' Und es braucht weiter keine Handlung, als dass halt der Kaiser kommt."

Der Wiener Bezirk Meidling war auf der kaiserlichen Route feudaler als sonst. Franz Joseph kam auch an der Schönbrunner Schloßstraße 30 vorbei, da stand ein neu erbautes Haus. Heute ist hier die „Pension Schönbrunn". Man kann als Dauermieter einziehen, ein kleines, 16 m² umfassendes Zimmer kostet rund 450 Euro im Monat und das Haus wirbt damit, ein schöner, über hundert

Jahre alter Spätjugendstilbau zu sein. Bürgerliches Ambiente also in der Schloßstraße, wie auch schon 1913. Hier läutete im Jänner dieses Jahres an Tür 7 ein breitschultriger, unrasierter, pockennarbiger bolschewistischer Kampfgenosse, der die österreichische Grenze mit dubiosen Ausweispapieren überquert hatte. Erfahrung mit gefälschten Dokumenten hatte er als illegale Existenz in Russland bereits hinreichend.

Iossif Wissarionowitsch Dschugaschwili, 1878 in Georgien, ganz im Süden des Zarenreichs, geboren, nannte sich bei seinem Grenzübertritt nach Österreich Stavros Papadopoulos. Vor Kurzem hatte er sich den Kampfnamen Stalin zugelegt. Den später für ihn charakteristischen Schnurrbart trug er damals noch nicht, mit seinem Fünftagebart, manchmal auch Vollbart, wirkte er wie ein Bohemien, er hatte eine ungebändigte Haartolle und trug für gewöhnlich ein rotes Satinhemd, ein Halstuch und einen schwarzen Filzhut. Er bevorzugte einen dunklen Mantel, nannte sich deswegen im Untergrund „Mann in Grau". Manchmal benutzte er auch eine zaristische Uniform als Verkleidung. Er war nicht groß, mit 1,65 Metern hatte er zu wachsen aufgehört, da strahlt man keine körperliche Autorität aus. So verließ er sich auf Schuhe mit hohen Plateausohlen und seinen brennenden Blick, um andere einzuschüchtern.

Ein finsterer, geheimnisumwitterter marxistischer Fanatiker betrat da österreichischen Boden, mit leicht gekrümmtem Gang und einem infolge von Unfällen und Krankheiten in der Kindheit steif gewordenen linken Arm, der ihn ein Leben lang wehruntauglich machte. In der rechten Hand trug er eine Holzkiste mit Griff, das war sein Koffer. Sein erster Eindruck von Wien war der Nordbahnhof. Zweimal die Woche fuhr in der Wintersaison der Sankt-Petersburg-Warschau-Wien-Nizza-Cannes-Expresszug. Er brauchte für die Fahrt von der russischen Metropole bis Wien 35 Stunden, war für die vermögende russische Gesellschaft die Verbindung zur Riviera und wurde wegen seiner Beliebtheit beim Hochadel „Train des Grand-Ducs" genannt. Ab 1904 war er aber auch für Fahrgäste, die sich nur die zweite Klasse leisten konnten, offen. Ob Stalin wirklich mit diesem Luxuszug ankam, wissen wir freilich genauso wenig wie den genauen Tag der Ankunft. Sicher ist nur: Es war in den ersten beiden Wochen des Jänner 1913. Wien lag unter einer Schneedecke, es wehte ein eiskalter Wind.

Die Polizeibehörden in seiner Heimat beschrieben ihn als einen Mann, „der sich extrem vorsichtig verhält und ständig über die Schulter schaut, wenn er unterwegs ist". Die Schar der Beamten, die auf die Ankommenden am Nordbahnhof warteten, machte ihn vermutlich nervös. Sie inspizierten das Gepäck, die Wiener nannten sie wegen ihrer grünen Uniformen „Spinatwachter". Fragte man nach dem Grund der Kontrolle, erhielt man die Antwort: „Verzehrungssteuer." Lange nach der Eingemeindung der Wiener Vororte galt 1913 immer noch: Eine ganze Reihe von Artikeln, vor allem Lebensmittel wie Fleisch und Wein, waren in den äußeren Bezirken billiger und mussten bei der Einfuhr verzollt werden, einer der Gründe, warum Wien im Vergleich zu anderen europäischen Metropolen als die am stärksten besteuerte Großstadt galt.

Fernreisende mussten sich also keine Sorgen machen, es waren rein fiskalische Gründe, keine fremdenrechtliche Maßnahme, bei der man es nicht so genau nahm: „Ein Pass ist weder für Wien noch überhaupt für Österreich unbedingt notwendig, doch ist es jedenfalls ratsam, irgendeine sonstige Legitimation für Bedarfsfälle bei sich zu tragen", konnte man im „Kleinen Führer durch Wien" lesen. Und: „Der gesetzlichen Meldungspflicht durch Ausfüllen der sogenannten Meldezettel in Hotels, Pensionen und selbst in gemieteten Wohnungen muss wahrheitsgetreu entsprochen werden." Na ja: Papier ist geduldig. Stalin konnte beruhigt sein.

Auf den Bahnsteigen wimmelte es auch von dienstbaren Geistern, die anboten, gegen ein Trinkgeld von 20 Heller das Gepäck zu einem der vor dem Bahnhof wartenden Pferdefuhrwerke zu tragen. Solche Männer mit der Aufschrift „Wiener Dienstmann" auf ihren Kappen sah man an allen stark frequentierten Plätzen der Stadt. Die elektrischen Straßenbahnen oder Omnibusse waren nur zu empfehlen, wenn man bloß kleines Handgepäck bei sich hatte. Ein Fiaker kostete etwas mehr, war aber bequemer. Jeder Reiseführer schlug damals einen dreistündigen Spaziergang vor, beginnend beim Stephansplatz, um die Schönheiten der kaiserlichen Metropole würdigen zu können.

Für Reisende, die am Nordbahnhof ankamen und zum ersten Mal Wien betraten, eröffnete sich eine eindrucksvolle Perspektive tief hinein in das Herz der Stadt: Am Fuß des hoch aufragenden Denkmals für Admiral Wilhelm von Tegetthoff begann die Praterstraße. Auf einer Länge von mehr als einem Kilometer reihten sich elegante Wohn- und Geschäftshäuser aneinander und verbanden das Zentrum der Stadt mit einem ihrer bedeutendsten Bahnhöfe. Im Erdgeschoßbereich der Wohnhäuser und Palais befanden sich durchwegs Geschäfte mit ihren großen Auslagen.

Aber Stalin hatte vermutlich keinen Blick für die Warenwelt hinter den Glasscheiben, er wusste genau, wo er hinwollte: nach Meidling. Doch warum war er überhaupt nach Wien gekommen? Wer hatte ihn instruiert, wohin er sich in Wien wenden sollte?

Zur selben Zeit lebte in Wien ein Mann, dessen Schicksal sich mit dem Stalins wiederholt kreuzen und in einer tödlichen Männerfeindschaft eskalieren sollte. Wir wechseln in einen anderen Bezirk Wiens. Es dauerte bis zum 19. Jahrhundert, bis Hütteldorf aus dem Tiefschlaf erwachte. Der Vorort im Westen der Stadt lag zwar idyllisch am Rande des Wienerwalds, war besiedelt von Bauern und Waldarbeitern, aber erst als er eine eigene Bahnstation erhielt, begann sich hier mehr Leben zu regen. Außerdem spielten hier die „Hütteldorfer", die damals übliche Bezeichnung für den Fußballverein Rapid. Jüdische Bürger Wiens siedelten sich hier an oder entdeckten die Gegend als Sommerfrische. Die Mietpreise waren daher im Herbst und Winter günstiger als zur schönen Jahreszeit. Eine der angesehensten Persönlichkeiten war der Arzt Dr. Josef Max Buxbaum, ihm gehörte eine ganze Reihe von Häusern, die er zwischen 1907 und 1916 in der Hüttelbergstraße kaufte, an den Nummern 49, 55, 59 und 61.

Auf Nummer 55 war 1907 immer wieder der Gerichtsvollzieher zu sehen. Der Mieter, ein russischer Emigrant und unerbittlicher Revolutionär namens Leo Dawidowitsch Bronstein, war nicht gut bei Kasse, ihm fehlte oft das Geld für die Miete. Obwohl er bewundernswert bedürfnislos lebte, hatte er Mühe, sich und seine Familie über Wasser zu halten. Wien war ein teures Pflaster. Warum war er überhaupt hierhergekommen?

Fast alles, was wir über seine Zeit in Wien wissen, stammt von ihm selbst. „Das große Kapitel meines Wiener Lebens" nannte er den Abschnitt in seiner Autobiografie. Obwohl er eng mit dem Leben der Stadt verflochten war, geht er hier freilich nicht auf Wien als Ort des kulturellen Geschehens ein, auch nicht auf die sozialen Gegensätze. Dass er das Café Central und andere Kaffeehäuser regelmäßig frequentierte, wissen wir aus anderen Quellen, ihm war es nicht der Beschreibung wert, obwohl er ansonsten mitteilsam war.

Anders als der schweigsame Stalin gewährte er Einblick in fast alles, was das eigene Leben betraf, nicht nur in seiner Autobiografie, sondern in Dutzenden Aufsätzen, Streitschriften und Artikeln. Überall, wo er auftrat, hinterließ er Spuren. Man findet sie leicht, muss sie aber kritisch rezipieren, darf trotz der darin steckenden Wahrheitsliebe ihren apologetischen Charakter nicht übersehen: Trotzki befand sich einen großen Teil seines Lebens in einem ideologischen Kampf gegen Stalin im Verteidigungsmodus. Wird man ständig angegriffen, gerät die eigene Vita leicht zu einem heroischen Drama mit einem Hang zur Selbstverherrlichung. Das war Wasser auf die Mühlen seiner Kritiker: Sie sprachen von Ichbezogenheit und Herrschsucht.

Viereinhalb Jahre Gefängnis und Verbannung in eine sibirische Kolonie wegen revolutionärer Umtriebe: Das war dem 23-Jährigen im Sommer 1902 unerträglich geworden. Er hatte mit der Untergrundpost ein Exemplar von Lenins Broschüre „Was tun?" und einen Stoß von Exemplaren der „Iskra" erhalten, einer sozialdemokratischen Exilzeitschrift. In einem Gefühl der Euphorie stellte er fest, dass andere dieselben Gedanken über Revolution und Partei hatten wie er. Nun hielt er, obwohl er verheiratet war und zwei Kinder in Sibirien gezeugt hatte, die Verbanntenkolonie nicht mehr aus. Er wollte in die Städte, wo man die geistigen Waffen für den Aufstand schmiedete, wo Geschichte geschrieben wurde, Moskau, Sankt Petersburg, München, London. So holperte Herr Bronstein, versteckt unter dem Heuhaufen auf einem Bauernkarren, über die Feldwege Sibiriens Richtung Westen. Freunde in Irkutsk versorgten ihn mit einem falschen Pass. In aller Eile musste er einen angenommenen Namen eintragen, er überlegte kurz und wählte schließlich den Namen eines Gefängniswärters, der ihn in Odessa beaufsichtigt hatte. Der Mann hieß Trotzki.

Europas Grenzen hielten im Sommer 1902 keinen russischen Revolutionär auf. Doch nicht jeder, dessen Kopf voll von revolutionären Ideen war, hatte auch Geld in der Brieftasche. Es reichte oft nur für eine Fahrkarte, im Fall Trotzkis bedeutete das: Wien war der erste Zwischenstopp, wie für so viele russische Revolutionäre. Aber er wusste, wo er nach der Ankunft hinzugehen hatte: in die Redaktion der „Arbeiter-Zeitung". Dort war er sicherlich nicht der erste mittellose Petent, der die Weltordnung umkrempeln wollte, aber nicht wusste, wie er das nächste Mittagsmahl finanzieren sollte. Das zentrale Organ der Sozialdemokratischen Partei wurde damals in der Mariahilfer Straße geschrieben und von der „Druck- und Verlagsanstalt Vorwärts" verlegt und gedruckt, in zwei Zinshäusern mit den Hausnummern 89 und 89a. Es sollte noch acht Jahre dauern, bis die Partei so mächtig war, dass sie sich ein eigenes Verlagshaus, den späteren Stammsitz an der Wienzeile, leisten konnte.

Trotzki stieß auf einen unwirschen Chefredakteur, Friedrich Austerlitz. Es war nämlich Sonntag, und der Wunsch nach einem Gespräch mit Parteiführer Victor Adler erschien vermessen: „Selbst wenn Sie die Nachricht bringen würden – verstehen Sie –, Ihr Zar sei ermordet und bei Ihnen dort habe die Revolution begonnen – verstehen Sie –, auch das würde Ihnen kein Recht geben, die

Sonntagsruhe des Doktors zu stören!" Das war der erste persönliche Eindruck, den Trotzki von der international hochgepriesenen österreichischen Sozialdemokratie bekam. Sein Erstaunen klang noch lange danach, in seiner Autobiografie, durch: „Dieser Herr imponierte mir geradezu durch den Donner seiner Stimme. Aber doch schien es mir, dass er Unsinn redete. Es ist nicht möglich, dass die Sonntagsruhe über den Forderungen der Revolution steht."

Doch Aufgeben war seine Sache nicht. Er brauchte Geld für die Weiterreise und fand heraus, wo Victor Adler wohnte. Dort stellte sich der völlig unbekannte junge Mann als russischer Sozialdemokrat vor. Er traf auf einen „mittelgroßen Mann, gekrümmt, fast bucklig, mit geschwollenen Augen in dem müden Gesicht", der offenbar die Sonntagsruhe nötig hatte, aber sich dennoch wohlwollend zeigte. Adler rückte Geld heraus, um Trotzki die Weiterreise zu ermöglichen. Doch drei Jahre später, 1905, stand der Mann wieder vor seiner Tür.

Hitler und Stalin: Zwei, die auf ihre Stunde warten

„Parallele Lebensläufe berühren oder schneiden einander ebensowenig wie parallele Linien", schreibt der Historiker Alan Bullock in seiner „Doppelbiografie" von Hitler und Stalin. Jedes Leben besitze eine „unverwechselbare, individuelle Lebensart". Das erscheint allein schon bei der Betrachtung der Geburtsorte von Stalin und Hitler plausibel, ist doch das halb europäische, halb asiatische Georgien fast zweieinhalbtausend Kilometer entfernt vom oberösterreichischen Innviertel. Man wird in der gesellschaftlichen Wirklichkeit und historischen Entwicklung der beiden Regionen wenig Gemeinsames finden. Aber gilt das auch für die ganz persönlichen Jugendjahre der beiden Männer, die zeitlich etwas versetzt waren, Stalin war ja zehn Jahre älter als Hitler? Gibt es also nur eine einzige Parallele, jene unauslöschliche und blutige Spur, die sie in der Geschichte des 20. Jahrhunderts hinterlassen haben? Und dass sie für wenige Wochen im Wien des Jahres 1913 aufeinandertreffen hätten können?

Gemeinsam ist ihnen, dass sie nicht in einer der Metropolen, sondern an der Peripherie der Reiche, über die sie später herrschen sollten, geboren wurden. Ihre Familien waren weit entfernt von der traditionellen Oberschicht ihrer Heimatländer, ihre Karrierechancen tendierten objektiv gesehen gegen null, zumal sie beide keinen ordentlichen Schulabschluss vorzuweisen hatten. Es sei denn, es kamen historische Ereignisse zu Hilfe, die einen völligen Umsturz und eine neue Ordnung mit sich brachten.

Das war bei beiden der Fall. In der russischen Gesellschaft gegen Ende des 19. Jahrhunderts hatte sich Sprengstoff angesammelt. Wie lange würde die Entwicklungsblockade durch das Herrschaftsmonopol der Autokraten noch halten? Einige Reformen im Jahr 1905 reichten, um oppositionellen und revolutionären Kräften einen Schub zu geben. Sie traten aus dem Dunkel der Illegalität heraus. Nun wurden neue Ideen formuliert, die im Zarenreich bis dahin unvorstellbar gewesen waren, liberale, populistische, marxistische.

1898 wurde die Partei der russischen Sozialdemokraten gegründet, zu der auch Lenin (1870-1924) und Trotzki (1879-1940) gehörten. Sie wollten die Autokratie beseitigen, zerstritten sich aber über den Weg dorthin. Sollte die Partei als militante Untergrundorganisation straff und zentral von Berufsrevolutionären geführt werden und auf einen Staat auf der Grundlage des Sozialismus/Kommunismus hinarbeiten? Das war der Weg der Bolschewiki. Oder sollte sie wie eine klassische europäische sozialdemokratische Partei um die Macht kämpfen, in Kooperation mit der liberalen Bewegung? Das war der Weg der Menschewiki. 1903 kam es zur Spaltung. Lenin führte nun die Bolschewiki an.

Diese Partei wurde das Biotop des 1879 im georgischen Gori geborenen Iossif Dschugaschwili. Seine Jugend war geprägt von körperlicher Misshandlung, Jähzorn und Gewalt. Sie machte ihn bitter, rücksichtslos und rachsüchtig. Hier war nichts, was die spätere Karriere erahnen ließ. Nur seine Mutter glaubte an sein Potenzial und schickte ihn auf das Priesterseminar in Tiflis. Er schloss die Ausbildung jedoch nicht ab und geriet in einen Zustand sozialer und nationaler Heimatlosigkeit. Ersatz wurde die Sozialdemokratische Partei, sein Ziel die Revolution.

Lenins radikale Haltung und Handlungsappelle überzeugten ihn. Bald war er selbst als Agitator imstande, Massendemonstrationen und Streikbewegungen auf die Beine zu stellen. Die russischen Behörden wurden auf den Mann, der sich „Koba" nannte, aufmerksam. Er wurde Lenins Mann fürs Grobe. Es ging auch grob genug zu. Die Revolutionäre machten großzügig von terroristischen

Methoden Gebrauch, ermordeten Personen, die mit dem Regime verbunden waren, legten Brände in Industrieunternehmen. Wie ein Mafiaboss, der sich nicht in die erste Reihe stellt, organisierte „Koba" die bolschewistischen Raub- und Mordaktivitäten aus dem Hintergrund wie den legendären Postraub von Tiflis im Juni 1907. Schon damals hieß es: Mit diesem Mann kam man nur aus, wenn man sich seinem befehlshaberischen Willen fügte.

„Koba" emigrierte nicht wie andere ins Ausland, die Kaffeehausexistenz der „Salonbolschewisten" in Wien, Genf oder Berlin interessierte ihn nicht. Er blieb als Illegaler im Land, entging der Verhaftung oft nur, weil er jede Nacht in einer anderen Wohnung schlief. Die Verbannung in die eisstarrende Einöde von Nordwestsibirien brach seinen Willen nicht: Er war überzeugt, jederzeit fliehen zu können. Aus dem Underdog wurde dank seiner Loyalität zu Lenin ein wichtiges Parteimitglied, 1912 kam er ins Zentralkomitee und war von der ersten Nummer an Mitorganisator der Parteizeitung „Prawda".

Der lange Kampf um eine Position, die Isolierung, das Außenseitertum: Das verband Stalins Jugendjahre mit denen von Adolf Hitler. Von beiden existieren Klassenfotos aus der Schulzeit. Es wird kein Zufall sein, dass sie hier in selbstbewusster Haltung in der Mitte der letzten Reihe auftauchen. Hier könnte sich ein kindlicher Führungsanspruch ausdrücken, besonders bei Hitler, der als Einziger die Arme vor der Brust verschränkt und damit Distanz und Überlegenheit im Verhältnis zu den Mitschülern demonstriert. Allerdings wirkt er dadurch auch verkrampfter als die Übrigen.

Stammte das Selbstvertrauen, das Gefühl, einzigartig zu sein, daher, dass beide Mütter hatten, die ihre Söhne liebten und bewunderten? Erich Fromm kam zu dem Schluss, dass beide Männer klassische Ausprägungen des narzisstischen Typus gewesen seien. Auf die Diagnose weiterer wahnhafter Persönlichkeitsstörungen sollte man sich besser nicht einlassen. Bei Stalin, der lernte, seine Gefühle zu verbergen, würden ja auch die Quellen dazu fehlen. Geht man von starken psychischen Beeinträchtigungen aus, tut man sich außerdem schwer, die Zielstrebigkeit zu erklären, mit denen es den beiden gelang, ihre Machtpositionen aufzubauen und zu festigen.

Von übertriebener Empathie und Hinwendung kann man bei den Vätern Hitlers und Stalins nicht sprechen. Von Gefühlen dieser Art waren sie weit entfernt. Hitlers Vater, ein Zollbeamter, zeigte wenig Zuneigung zu seinem Nachwuchs, was ihn wenig von anderen Vätern seiner Zeit und seines Standes unterschied. Immerhin bemühte er sich, seinen Sohn aus der Welt der Tagträumereien zu drängen, ihm ein Stück Realitätssinn beizubringen und zu einer vernünftigen Zukunftsplanung zu bewegen. Entbehrungen, gar Misshandlungen wie im Fall Stalins, die zu wütendem, rachsüchtigem Verhalten und Hass auf Obrigkeiten führten, gab es in der Familie Hitler nicht. Auch war der kleine Adolf nicht zu einem Leben in Entbehrungen gezwungen, auch wenn er das später behaupten sollte.

Hitlers und Stalins Ansichten und Überzeugungen waren das Ergebnis von Ideologien und Denkmustern der Vergangenheit, des 19. Jahrhunderts. Es waren der Marxismus, der Kolonialismus und Nationalismus, rassistische und sozialdarwinistische Strömungen. Sie erreichten um 1900 den Höhepunkt ihrer Entwicklungen. Als die beiden Adepten ihnen in jungen Jahren verfielen, hatten sie ihrer Meinung nach das philosophische Ideengerüst für das ganze Leben gefunden und brachen alle Brücken hinter sich ab. Hitler brauchte dabei länger als Stalin, um eine derart gefestigte Orientierung zu finden. Bei beiden war es zugleich eine Berufsentscheidung – für die Politik. Das Ende des Ersten Weltkriegs gab ihnen den entscheidenden Schub für die weitere Lebensgestaltung. Da laufen die beiden Fäden der Biografien zusammen. Widersprechende Meinungen wurden, als sie an der Macht waren, mit Verfolgung bestraft, der Wahrheitsanspruch war absolut, Abweichungen vom dogmatischen Ideensystem wurden nicht toleriert. Beide gerieten in ihrer geistigen Orientierung niemals ins Schwanken.

Wie der junge Stalin in Georgien in einem Schmelztiegel stolzer und ungestümer Völkerschaften groß wurde, erlebte auch Adolf Hitler ein Vielvölkerreich. Doch sie reagierten unterschiedlich darauf. Beide wollten in diesem Nationengemisch zu den Mehrheitsgesellschaften gehören. Stalins Heimat Georgien hatte schon im 12. Jahrhundert einen glanzvollen Höhepunkt seiner Entwicklung erlebt und seine ethnische Identität und sprachliche Eigenständigkeit viele Jahrhunderte behalten. Zu Stalins Zeit war davon ein diffuses Ideal der eigenen Bedeutung übrig geblieben. Mit diesem verschwommenen Nationalismus konnte er bald nichts mehr anfangen. Er wurde zum Konvertiten, verleugnete an der Schwelle des Erwachsenenalters seine georgische Herkunft, versuchte, seinen Akzent zu unterdrücken, an dem man ihn erkannte, und solidarisierte sich mit jenen russischen Kolonialisten, die seine georgischen Landsleute nach der Annexion um 1800 zu kolonisieren begannen. Er identifizierte sich mit der imperialen Vergangenheit des russischen Großreiches, dementsprechend rücksichtslos wird er später gegen die nichtrussischen Nationalitäten in seinem Reich vorgehen.

Charakteristisch für das Habsburgerreich war die Mischung der zahlreichen ethnischen Gruppen. Hitler war Bürger dieses multinationalen Staates und fühlte sich in ihm als Kämpfer für das Deutschtum, das sich in seiner Vormachtstellung bedroht sah durch den Unabhängigkeits- und Gleichberechtigungswillen der übrigen Völker. Dass die Deutschen demografisch in diesem Staat in die Minderheit geraten waren, stärkte Ressentiment, Angst, Pessimismus bei den Deutschnationalen. Sie glaubten nicht mehr an die Überlebensfähigkeit dieses Staates.

Was Hitler in Wien sah, bestärkte ihn in seiner abwehrend-aggressiven Haltung gegenüber den anderen Volksgruppen in der Habsburgermonarchie. Deutsch-Österreich sah sich durch die Mehrheit der slawischen Völker und deren wachsendes National- und Selbstbewusstsein bedroht. Dass die Regierung in Wien den Tschechen und anderen Volksgruppen Zugeständnisse zu machen bereit war, war in seinen Augen nicht nur zum Scheitern verurteilt, sondern auch ein Akt nationalen Verrats an der heiligen Sache des Deutschtums. Diese Haltung hatte er schon, als er nach Wien übersiedelte: Er war ein lupenreiner deutscher Nationalist. Trotz seiner völligen beruflichen Erfolglosigkeit erlebte er, wenn ihn die Gefühle übermannten, Momente der Euphorie: Er werde in Zukunft das deutsche Volk retten wie einst Rienzi die Römer, schwärmte er nach einem Besuch der gleichnamigen Oper von Richard Wagner.

Der Provinzler Hitler war geprägt durch das deutsche Linz und das bäuerliche Oberösterreich. Wien, der Brennpunkt des habsburgischen Nationen- und Sprachengemischs, wurde für ihn zum negativen Gegenpol der sprachlich, national und religiös monokoloren Heimat. Im Jahr 1900 war Wien die viertgrößte Stadt Europas. Mit rund 1,7 Millionen Einwohnern – kurz vor dem Zweiten Weltkrieg sogar 2 Millionen – waren nur London, Paris und Berlin größer. Nicht mehr als 36 Prozent der Wiener waren auch hier zur Welt gekommen.

Zuwanderung bedeutete Diversität und diese war nicht unproblematisch. Zuwanderergruppen wie Juden oder Tschechen blieben eher unter sich, es fehlte nicht nur an Kontakten mit den autochthonen Wienern, auch zwischen den Minoritäten fehlte sie. Teile der Mehrheitsbevölkerung pflegten liebevoll ihre tradierten Feindbilder: „Tschechen, Juden und Hunde" waren in manchen Gasthäusern nicht erwünscht.

Normale Verhältnisse für eine Großstadt in einem Vielvölkerstaat. Bereits früh gab es Pläne für eine Neuaufteilung der Stadt in Nationalitätenviertel. In einem Entwurf, der bei der Politik allerdings keinen Widerhall fand, hieß es: „Man denke sich einfach in die Lage z. B. eines Italieners, der bis Wien auf der Bahn fährt, am Bahnhofe ein italienisches Gefährte antrifft, welches ihn in das italienische Stadtviertel bringt, wo er Alles findet wie in Italien. Wird sich dieser Italiener nicht daselbst heimisch fühlen? Der Fremde hört auf, daselbst fremd zu sein, er ist ja in Wien zu Hause ..."

Daraus wurde nichts. Wien war für Hitler das „Rassenbabylon". Er hatte kein Sensorium dafür, wie befruchtend für das Geistesleben der Stadt diese Multikulturalität war.

Für Männer wie Hitler (und hier traf er sich wieder mit Stalin) hatten die Experimente der Moderne, egal ob in Literatur, Musik, bildender Kunst oder Architektur, keinen Stellenwert. Ohne sich damit tatsächlich auseinanderzusetzen, waren sie sich in der Ablehnung sicher. Nicht nur das: Sie waren überzeugt, Kunstwerke anhand der eigenen Maßstäbe beurteilen und den Schiedsrichter in Fragen des künstlerischen Werts spielen zu können. Hitler gebärdete sich als Kenner der Opern Richard Wagners und urteilte über den Stil der Wiener Bauwerke. In Wahrheit bemerkte er die großen künstlerischen Strömungen der Stadt im Fin de Siècle gar nicht, weil in seinem Kopf antiurbane, antisemitische und rassistische Klischees waberten. Wie viele seiner Zeitgenossen war er ganz am Althergebrachten orientiert und nahm von modernen Kunstentwicklungen wie Jugendstil, Impressionismus oder Sezessionismus kaum Notiz. Wien war für ihn ein Mythos, den er bewunderte, weil die Stadt jahrhundertelang die Residenz der Herrscher eines großen Reiches gewesen war. Die gemischte Bevölkerung war ihm „ein widerwärtiges Pack": Doch sie war eben das Ergebnis des Charakters Wiens als Hauptstadt eines Vielvölkerreiches.

Das menschliche Treibgut der Stadt

„Wenn das Mailüfterl weht". Das ist der Titel einer Sozialreportage aus dem Jahr 1910, sie stammt von dem Journalisten und Schriftsteller Max Winter. Ihr Thema ist das Schicksal der Wanderarbeiter, wir würden heute sagen: Arbeitsmigranten. „So beginnt denn, ehe noch das Mailüfterl weht, in aller Welt ein Wandern, in aller Welt, wo arme Menschen wohnen. Aus dem südlichen und mittleren Böhmen kommen die Bauarbeiter nach Wien, Maurer und Zimmerleute, aus dem Süden des Reiches, aus Italien und Kroatien, hier geschätzte Erdarbeiter, Slowenen und Kroaten, aus Ungarn die ‚Kubikaschen', gewohnt, als Troglodyten in Erdhöhlen zu hausen, aus Istrien und Südtirol italienische Maurer. Die Rastelbinder erscheinen auf der Bildfläche der Großstadt, die Gefrornenhausierer lösen die ukrainischen Maronibrater ab, und mit all diesen rüsten zum Wandern und wandern noch tausend andere in die Großstadt, von der Großstadt weg in Kurorte und Sommerfrischen: Schneider und Musiker, Kellner und Schauspieler, Verkäufer und Verkäuferinnen, und ein unendlich großer Zug geht von Land zu Land, dem Lande an Arbeit zu geben, wessen es bedarf."

Durch das große Wandern der Arbeit- und Lohnsuchenden wurden viele Dörfer beinahe entvölkert, oft blieben nur die Greise, Frauen und Kinder zurück. Bei jeder Flussregulierung, bei jedem Bahn- und Tunnelbau, in jedem Steinbruch fand man Italiener als Maurer und Mineure. Man erkannte die Ungarn an dem Lammfell, die Bosniaken, Dalmatiner und Mazedonier an ihren Pluderhosen, dem Käppi auf dem Kopf und den bunten Wolltüchern um die Taille, die meisten hatten auf dem Rücken einen grobleinenen Sack, in dem sie ihre wenigen Habseligkeiten durch die Welt trugen, ein Emailhäferl, einen Löffel, die Pfeife, Werkzeug, manchmal auch Beil und Säge, ein zweites Paar Stiefel, einen Rock für den Sonntag. „Sie sind vorbereitet auf harte Arbeit", schreibt Winter, „und auf Baracken, durch deren dünne Wände der Wind pfeift und durch deren Dächer es regnet. Geschlafen wird auf Pritschen mit etwas Stroh und Holzwolle. Manchmal greift einer zur Mandoline, um sich in die Heimat wegzuträumen. Alles ist besser, als im Heimatdorf zu verhungern."

Man muss sich Wien wie einen Magneten vorstellen. Die Ausstrahlung der Stadt reichte bis an die Grenzen der Monarchie, die meisten wollten dorthin. Es brauchte kein wie heute ausgebautes Netz an Massenverkehrsmitteln. Immer schon galt: Die Menschen waren mobil und quer über den Kontinent hinweg unterwegs. Jahrhundertelang war es so etwas wie ein ungeschriebenes Gesetz, dass ein Geselle mit einem handwerklichen Beruf nach der Lehrabschlussprüfung für eine bestimmte Zeit ins Ausland „walzte". Bis zum Ende des 19. Jahrhunderts war diese Art von mehrjährigem Nomadentum typisch für das Handwerk, Mobilität und Zurechtkommen in der Fremde waren statusbegründend. Erst die Ausweise, die Zeugnisse, die Erfahrungen, die der Geselle hier sammelte, stempelten ihn im eigenen Land zum wirklichen Handwerker. Das Unterwegssein sorgte für Gewerbeförderung und Technologietransfer. Manche Meister stellten prinzipiell niemanden ein, der nicht auf der Walz gewesen war. Im günstigsten Fall konnten sie sogar etwas Neues erfahren. In gewisser Weise entglitten die wandernden Gesellen aber der Kontrolle durch die Obrigkeiten. Was, wenn sie kriminell wurden oder obskuren politischen Ideen anhingen?

Bis ins 20. Jahrhundert hinein finden sich in den autobiografischen Aufzeichnungen Schilderungen der Rituale und Bräuche dieser allmählich untergehenden Tradition. Meist waren die Aufenthalte bei den Handwerksmeistern kurz, wohl auch bedingt durch das Freiheitsbedürfnis der jungen Männer, aber auch, weil sie als Erste entlassen wurden, wenn sich die Auftragslage verschlechterte. Auch wenn man sich der Tochter des Hauses näherte oder seine politische Gesinnung allzu offensichtlich zur Schau stellte, wurden die Türen schnell wieder verschlossen.

Die Quellenlage zu diesem vazierenden Dasein ist nicht schlecht, es gibt aus den Jahren vor dem Ersten Weltkrieg einige authentische Berichte über die auch „Tippelei" genannten Fußwanderungen, oft in Gruppen. Man begegnete den Gesellen in den Werkstätten und Handwerksbetrieben in der Regel mit Achtung. Doch je näher sie dem städtischen Arbeitsmarkt rückten, desto schwieriger wurde ihre Situation: Als Neuankömmlinge und Zuwanderer aus den ländlichen Regionen wurden sie von der städtischen Gemeinschaft als Fremde betrachtet und als die „Anderen" behandelt. Denn fremd waren nicht nur die aus dem Ausland stammenden Migranten, fremd waren auch jene aus den Kronländern der Monarchie. Durch das „ungesunde Übermaß von Üppigkeit" in der Reichshaupt- und Residenzstadt, so kulturkritische Stimmen, würden Menschen „aus allen Provinzorten hierher gelockt".

Mit der Industrialisierung änderte sich die Struktur dieser Migration noch einmal: Waren es bisher Dienstboten und oft nur saisonal migrierende Gesellen gewesen, kamen nun immer mehr ungelernte Arbeiter hinzu. Die Zuwanderung erreichte im frühen 20. Jahrhundert nie erreichte Ausmaße, mit den Jahren vor dem Ersten Weltkrieg als Kulminationspunkt. Es kamen Tschechen und Juden, Kroaten, Böhmen und Mährer, die Stadt wurde zum „Schmelztiegel" und „Wasserkopf" der Monarchie. Für sehr viele Menschen bot sie sehr viele Perspektiven, aber auf dem Weg dorthin lernten sie die bittere Armut kennen.

Die meisten, die nach Wien strömten, suchten Arbeit, die Lohndifferenz zwischen Stadt und Land war eklatant. Dass Wien als Metropole auch die Stadt des Kaiserhofes, der Kultur und des Vergnügens war, interessierte sie gar nicht, die Attraktivität Wiens lag im Vergleich zu den Städten Böhmens und Mährens ganz woanders. Die Hauptstadt war, was die Industrialisierung betrifft, auf der Überholspur, vergleichbar mit Berlin, der industriellen Großstadt par excellence.

Dazu kam die rege Bautätigkeit im Rahmen des Ringstraßenbaus und der Stadterweiterung, die Nachfrage nach Luxus- und Konsumgütern durch den Kaiserhof. Der Adel und das expandierende Finanz- und Bildungsbürgertum wollten da nicht zurückstehen. Das eröffnete einen breiten Arbeitsmarkt: Gewerbe und Industrie waren gefordert, unzählige dienstbare Geister lebten gedrängt in den Dachgeschoßen der Palais und in den engen Nebenräumen der Bürgerhäuser, sie kochten, wuschen, leerten Nachttöpfe, erledigten Botengänge. Aber auch im Gewerbe fand man leicht eine Arbeitsstelle. Kein Wiener ließ sich herbei, seinen Sohn eine Schusterlehre machen zu lassen, so mies waren die Arbeitsbedingungen. Der Rest der Monarchie war dagegen noch weitgehend agrarisch geprägt.

Das Eisenbahnzeitalter war längst angebrochen: Es förderte nicht nur Handel und Industrie, nun war auch die Überwindung von langen Distanzen leichter geworden. Die zeitintensiven Wanderungen der Vergangenheit waren überholt, man wurde mobil. Zumindest in der Theorie. Viele, die sich die Transportkosten nicht leisten konnten, kamen immer noch zu Fuß. Das Gepäck wurde getragen beziehungsweise in einem Handwagen gezogen, manche hatten auch einen Hund, der diesen Wagen zog. Die Zuwanderer waren nicht anspruchsvoll. Böhmische Ziegelarbeiter waren oft barfuß unterwegs, arbeiteten sechs Monate lang und kehrten dann zu Fuß wieder zurück, das dauerte rund zwei Wochen. Wenn ganze Familien unterwegs waren, konnte es schon vorkommen, dass Kinder im Straßengraben zur Welt kamen.

Der Vielvölkerstaat ermöglichte die Wanderung über Sprachgrenzen hinweg. Das galt auch für den jungen Kroaten Josip Broz. Auch wenn wir kein Tagebuch oder ähnliche Aufzeichnungen von ihm besitzen, lässt sich sein Wanderdasein doch gut rekonstruieren. Wir wissen, wie es ihm erging. Auch die Gründe, warum er überhaupt aufgebrochen ist.

Die romanhaft anmutende Lebensgeschichte von Josip Broz, dem siebten Kind einer kleinbäuerlichen kroatisch-slowenischen Familie, begann unter ärmlichen Verhältnissen. 1892 wurde er in einem Dorf im kroatischen Landesteil der österreichisch-ungarischen Monarchie geboren, auf einer mit Maisstroh gefüllten Matratze im großväterlichen Haus in Kumrovec. Das versteckte Dorf, längst berühmt geworden und ein Touristen-Magnet, gehörte zu Zagorje, der nordwestlichen Region Kroatiens an der Grenze zu Slowenien. Der Dialekt hier war eng verwandt mit dem Slowenischen, Josip beherrschte das Slowenische besser als das Kroatische. Hier wuchs er auf, er liebte seine Mutter Marija sehr, den jähzornigen und zunehmend trinkfreudigen Vater, Franjo, mochte keiner. „Er ertrank in dem riesigen Sumpf von Armut und Frustration, von Sinnlosigkeit und Nutzlosigkeit", sagte sein Sohn später. Das Versagen des Vaters: Inzwischen war es für ihn kein individuelles, sondern ein soziales Phänomen geworden.

Die Lebensbedingungen in den Dörfern waren geprägt von dem kräftigen Bevölkerungswachstum ab 1880. Die Bevölkerung in Kroatien-Slawonien stieg in den 34 Jahren bis 1914 um beinahe 40 Prozent an, von 1.892.000 auf 2.700.000. Die Choleraepidemien, die ausgesprochen hohe Mortalitätsraten verursacht hatten, waren endgültig abgeebbt. Kleinwirtschaften wie die, in denen Josip aufwuchs, reichten kaum mehr zur Ernährung der Familie des Besitzers. Denn bei kleinem Besitz war von einer Selbsterhaltung der Familie keine Rede mehr. Das verfügbare Land und die damalige Art der landwirtschaftlichen Bewirtschaftung reichten immer weniger aus, um der dörflichen Bevölkerung eine erträgliche Lebensgrundlage zu bieten.

Der Bauer musste einen Großteil seines Ertrags auf den Markt bringen, um zu Geld für seine Auslagen zu kommen. Er musste Abgaben zahlen, die Kinder in die Schule schicken, Kleidung, Lebensmittel und Werkzeug kaufen und so weiter. Ganz primitiv waren die wenigsten Bauern, sie waren zum Großteil des Lesens und Schreibens kundig, die Grundschule war formell obligat. Doch sie hatten aufgehört, „sich in der Illusion zu wiegen, es sei möglich, durch schwere Arbeit, durch die Mitwirkung der ganzen Familie, durch Arbeit vom frühen Morgen bis zum späten Abend aus dem Zauberkreis des dörflichen Elends auszubrechen. Die Hoffnungen, dass man die Schulden bezahlen, neues Land kaufen, dass man von der bloßen Landarbeit besser leben würde können, waren begraben", schreibt Titos Parteigenosse und Biograf Vilko Vinterhalter.

Besonders hart waren die Kinder der Kleinhäusler betroffen. Therese Weber fasst in ihrer Studie über die „Häuslerkinder" zusammen: „Sie waren sich schon sehr früh bewusst, dass sie für die Eltern eine Belastung waren, da sie Nahrung, Kleidung und Wohnraum brauchten. Sie wussten, dass sie bei den Eltern nur einen bestimmten Zeitraum verbringen konnten, da die schlechte ökonomische Lage keine andere Wahl ließ. So einschneidend die Trennung vom Elternhaus erlebt wurde, so selbstverständlich war sie für alle. Es gab für Häuslerkinder keine Alternative. Die Wahl eines anderen Berufes kam nur in wenigen Fällen in Frage, manchmal durften die Söhne ein Handwerk erlernen." Wenn sie dann ihr erstes Geld verdienten, verloren sie vor Begeisterung fast die Besinnung, sie fühlten sich reich und schickten den Eltern eine kleine Summe nach Hause. Zu Besuch in das Heimatdorf kamen sie erst, wenn sie sich einen neuen Anzug leisten konnten.

In einer Gegend wie dieser, dem zur ungarischen Reichshälfte gehörenden Kroatien-Slawonien, erlebte nur jedes dritte Kind seinen zweiten Geburtstag. Wer essen wollte, musste arbeiten, auch wenn er erst sieben Jahre alt war, wie der kleine Joza. Er war begabt, sagten alle, doch natürlich lag der Besuch einer höheren Schule wie eines Gymnasiums außerhalb des Vorstellbaren. Damals war in Kroatien ein österreichisches Gesetz in Kraft, wonach der älteste Sohn nicht mehr Alleinerbe sein durfte, sondern das Erbe zu gleichen Teilen unter allen Familienmitgliedern aufgeteilt werden musste. Diese Maßnahme sollte den Zerfall des bäuerlichen Besitzes beschleunigen. So wurde Franjo Broz, der das Land seines Vaters nicht verkaufen wollte, gezwungen, sich zu verschulden, um seine Schwestern freikaufen zu können. Bald waren die Schulden zu groß für ihn und er begann einen Acker nach dem anderen zu verkaufen.

Aus diesen Dörfern rekrutierten sich am Ende des 19. Jahrhunderts die Lohnarbeiter für die ersten Industriebetriebe. Der übliche Ausbruchsversuch aus dem Elend war die Auswanderung nach Übersee. Beinahe eine halbe Million Kroaten verließen ihre Heimat in den Jahrzehnten vor dem Ersten Weltkrieg, nur ein Teil kam wieder zurück. Dollar um Dollar wurden von den in Amerika arbeitenden Männern den Familien nach Hause geschickt, auch die Heimkehrer brachten meist Ersparnisse mit sich. Doch es gab nicht wenige, die bei der Arbeit in den USA ihre Gesundheit ruinierten oder dort in jungen Jahren verstarben. Hätten die Eltern mehr Geld gehabt, wäre Josip wohl nach Amerika geschickt worden und dort in einer Fabrik gelandet. Die Geschichte seines Heimatlandes wäre vielleicht ganz anders verlaufen. Wahrscheinlich wäre auch schon sein Vater nach Übersee ausgewandert, wie so viele, die heute einen beträchtlichen Prozentsatz der Einwohner von Pittsburgh, Cleveland oder Kalifornien bilden.

„In meiner Jugend waren zwischen sechzig und achtzig Prozent der Jugend in Kumrovec überzählig", erzählte Josip Broz, damals schon Tito, 1949 seinem Biografen Louis Adamic. „Es gab nichts zu tun im Dorf. Wenn man die vierjährige Schule hinter sich hatte, musste man weg. Es gab einfach nicht genug zu essen. Bildung erhielten nur die Kinder des städtischen Bürgertums und die wohlhabenden Bauern. Für Leute wie mich und meine Brüder war der einzige Ausweg, das Dorf zu verlassen, Lehrling zu werden und ein Gewerbe zu erlernen. Aber dieser Weg war steil und stumpfsinnig: so stumpfsinnig, dass einige von uns daran etwas ändern wollten." Die Antwort sollte der Sozialismus werden. Seit 1894 gab es eine Sozialdemokratische Partei Kroatiens.

Die Emigration des Bauernsohns war ganz typisch. Er war kein Abenteurer, der in Goldminen oder Diamantenfeldern rasches Geld machen wollte, sondern er vertraute darauf, dass er durch Qualifikation, Disziplin und harte Arbeit den Aufstieg schaffen würde. Und das erschien ihm nur möglich in einer Branche, der man Zukunftschancen voraussagte, die den Fortschritt symbolisierte. Er wollte nicht Schneider, Tischler oder Kellner werden, sondern Arbeiter in der Metallindustrie. Der Lärm der Motoren, der Geruch des Maschinenöls, das Reiben des Schmirgelpapiers, die Drehbänke, Bohrer und Fräsen wurden seine Welt. Sein Leben entwickelte sich parallel „zum Entwicklungsgang der Gesellschaft und Wirtschaft: von den Überresten der Dorfgemeinschaft, des einzelnen Kleinbauern, des bäuerlichen Handwerks, des bürgerlichen Handwerks und der Kleinindustrie bis hin zu den damaligen Giganten der Metallindustrie" (Vilko Vinterhalter).

1903 rollte eine nationalistische Protestwelle durch die Provinzen der Monarchie, die Bewegung existierte schon lange, sie forderte die Vereinigung und Autonomie der südslawischen Länder. Diese Völker, die zahlenmäßig den größten Teil der Bevölkerung der Monarchie bildeten, repräsentierten eine besondere Kraft, sie waren der dritte Teil, der sich im Gegensatz zu Österreich und Ungarn befand. Das kroatische Armenhaus der Monarchie wollte nicht mehr so weitermachen wie bisher und zeigte sich entschieden föderalistisch. Jahrhundertelang hatte es mit den Ungarn um seine Stellung, seine Souveränität und seine Rechte gestritten, es kam im Verhältnis zu den wohlhabenderen Teilen der Monarchie nicht aus der Rückständigkeit heraus. Die Diskriminierung durch die Ungarn wurde als unerträglich empfunden: Die 36.000 Eisenbahnangestellten des Landes etwa waren alle magyarisch. Wollte ein Kroate am Bahnhof eine Fahrkarte lösen, musste er das in Ungarisch formulieren, sonst wurde er abgewiesen, erzählte Josip Broz später.

Eine innere Autonomie von Kroatien und Slawonien, die zur ungarischen Hälfte der Monarchie gehörten, wurde nicht zugelassen, Wirtschaft, Finanzen, Verkehr waren Sache der Budapester Regierung, den Kroaten blieb nur eine beschränkte Selbstverwaltung in den Bereichen Inneres, Kultus und Schulwesen. Eine vollkommene staatliche Selbstständigkeit war überhaupt undenkbar. Geschürt von den radikalen kroatischen Nationalisten, die sich nicht geschlagen geben wollten, entzündete sich an den ungelösten Autonomiefragen der Widerstandsgeist. Ungarische Fahnen wurden auch in Kumrovec öffentlich verbrannt. Die Spannungen blieben bis zum Ende der Monarchie ungelöst und trugen wesentlich zu ihrer Krise bei.

Trotzki, ein Revolutionär mit Manieren

Lenin war noch im Nachtgewand, als ein Ankömmling in aller Früh ungestüm an seine Tür pochte. Mit dem nötigen Kleingeld aus der Kasse Victor Adlers war Trotzki nach London gereist, wo Lenin und seine Ehefrau als Herr und Frau Richter lebten. Hier, in der Wohnung am Holford Square, liefen alle Fäden der russischen Untergrundbewegung zusammen. Einen besonderen Auftrag hatte der Gast, der da überraschend aufkreuzte, nicht, aber er wirkte wie elektrisiert und er war so sehr von der Wichtigkeit seiner atemlos vorgetragenen Berichte über die illegale Szene in Russland durchdrungen, dass er geduldig angehört wurde.

Lenin lernte den um zehn Jahre Jüngeren bei langen Spaziergängen in London schätzen, endlich bekam er präzise Nachrichten über die isolierten Gruppen in Russland, und das von einem überzeugten Anhänger der Idee einer zentralisierten Partei. Denn etwas ließ Lenin nicht ruhen: Wie könne er aus der Ferne ein Orchester dirigieren, schrieb er, ohne dass die Misstöne überhandnahmen? Trotzki, so schien es, hatte das Zeug für die Erste Geige, nicht nur wegen seines jugendlichen Elans. Weltfremde, endlos diskutierende, graubärtige Revolutionäre gab es im Exil mehr als genug, Lenin suchte welche, die aus einem anderen, realistischen Holz geschnitzt waren.

Als glänzender Journalist war Trotzki auf jeden Fall eine Bereicherung, noch dazu war er ein guter Redner, der mit seiner gewitzten Rhetorik und seiner donnernden Stimme die Zuhörer entflammen und seine Gegner niederreden konnte. Der hagere Mann auf der Rednertribüne konnte mit seinen funkelnden Augen hypnotisierend wirken wie zwanzig Jahre später der Agitator Adolf Hitler, der in den Bierkellern über sich hinauswuchs, wenn er die Blicke der Menge auf sich gerichtet sah: Dann nahm er sie mit Sturmgewalt ein, betäubte ihren Verstand. Auch er hatte nie eine Rednerausbildung gehabt.

Inzwischen verlangte die Untergrundbewegung in Russland dringend Trotzkis Rückkehr. Das war ganz normal für die Zustände in der Bewegung: Die Illegalen in der Heimat und die Emigrantenzentren im Ausland versuchten sich die besten Leute abspenstig zu machen. Doch bei dem blutjungen Idealisten erschien es sinnvoller, ihn Erfahrungen im Ausland sammeln zu lassen und für seine Weiterbildung zu sorgen, als ihn in einem sibirischen Straflager dahinvegetieren zu lassen. Lenin schrieb nach Russland, dass nicht die Absicht bestehe, Trotzki zurückzuschicken. Damit hatte sich dessen Schicksal vorerst entschieden: Er sollte geformt werden, indem er ein Stück von der Welt kennenlernte.

So kam er nach Frankreich, in die Schweiz, nach Belgien und ging da seiner politischen Arbeit nach. Doch hatte er überhaupt Interesse an den Metropolen, die ihn umgaben? Trotzki lebte in der Welt der Bücher, der Zeitungen und der Agitation, für nichts darüber hinaus hatte er ein besonderes Sensorium. So bekam er nicht viel mit von den Städten, in denen er sich aufhielt. Er wunderte sich, als Lenin ihm in London das berühmte Westminster und das British Museum zeigte, er sah darin nur Monumente, in denen die herrschende Klasse ihre Kultur und Macht ausstellte. Hatte Lenin nichts sonst im Kopf, als ihm die historischen englischen Bauwerke zu zeigen?

In Paris verliebte er sich in die russische Emigrantin Natalja Sedowa, die an der Sorbonne Kunstgeschichte studierte. Ihre politische Vergangenheit imponierte ihm: Weil sie ihre Mitschülerinnen vom Beten abhalten wollte, hatte man sie aus einem vornehmen christlichen Mädchenpensionat in Charkow entlassen. Sie hatte vorgeschlagen, besser Marx und Engels zu lesen als die Evangelien. Und von der Moskauer Universität hatte man die linke Aristokratin suspendiert, nachdem sie bei der illegalen Verbreitung revolutionärer Schriften erwischt worden war. Nun bereitete die patente junge Frau, die von ihrer Familie 20 Rubel pro Monat überwiesen bekam, für ihre Gesinnungsgenossen in der Rue Lalande Mahlzeiten zu. Die hatten viel weniger Geld als sie zur Verfügung.

Trotzki imponierte ihr wegen seines Intellekts und seiner Vitalität auf Anhieb. Die drei Jahre Jüngere nahm ihren neuen Freund in den Louvre mit, um ihm die Augen für Gemälde und Skulpturen zu öffnen. Das war ein zähes Unterfangen, Kunstschätze langweilten ihn. Es ist grotesk, wie er sich über die französische Metropole äußerte: „Odessa ist ähnlich, aber Odessa ist schöner." Doch es dauerte nicht lange und er fand Zugang zu dem Bildungsgut, das das verhasste Bürgertum so hochschätzte. Natalja gab ihm französische Lyrik zu lesen und erschloss dem von Versammlung zu Versammlung eilenden Politikbesessenen neue Perspektiven. Er besuchte mit ihr sogar das Grab Charles Baudelaires auf dem Friedhof von Montparnasse. Das hatte fast einen Hauch von Dekadenz.

Nach dem Brüsseler Kongress von 1903, bei dem es zu der folgenreichen Spaltung zwischen Bolschewiki und Menschewiki kam, saß Trotzki eine Zeit lang zwischen allen Stühlen, vielen Parteimitgliedern schien, er habe keine Prinzipien. Plötzlich war er mit jedermann im Streit, da waren auch viele persönliche Ressentiments im Spiel. Trotzki hatte genug von der muffigen Luft der Emigrantenszene, genug vom Exil, von dem aus die Ereignisse in Russland nur schemenhaft wahrzunehmen waren. Er brannte vor Ungeduld, nach Russland zurückzukehren, auch wenn ihm dort als Geflohenem die neuerliche Deportation drohte. Wie schon auf dem Hinweg kam er in Wien bei Victor Adler vorbei.

Dieser, so Trotzki, „ging völlig in russischen Angelegenheiten auf, verschaffte für die Emigranten Geld, Pässe, Adressen". Nur zweieinhalb Jahre waren seit seinem letzten Besuch vergangen, doch sie waren bedeutungsvoll gewesen. Im Haus des österreichischen Sozialisten schor sich Trotzki seinen Bart ab, um der russischen Polizei ein Wiedererkennen zu erschweren. Die beiden Aufenthalte in Wien, 1902 und 1905, bildeten „gleichsam die Klammern seiner ersten Emigration" (Alfred Mansfeld).

Die Kraft, die 1905/06 von der Persönlichkeit und den Ideen Trotzkis ausging, war deutlich spürbar. Auch wenn sich die Ereignisse überstürzten, verlor er nie den Kopf. Schon in jungen Jahren fühlte er den „Stolz, ein bewusstes Werkzeug der Geschichte zu sein" (Victor Serge), egal, ob er im Gefängnis, in einer Wohnung im Exil oder Gast bei Leuten vornehmer Herkunft war. Oder später auf dem Gipfel der Macht. Schwäche zu zeigen erschien ihm unmöglich, widrige Umstände zu meistern als selbstverständlich. Selbstzweifel kannte er nicht, Kennzeichen des Revolutionärs war für ihn der „Optimismus der Zukunft". Die Gewissheit, im Besitz der Wahrheit zu sein, machte ihn freilich autoritär, unerbittlich und unduldsam.

Zeitzeugen schrieben: „Er hatte energische Gesichtszüge, hohe Stirn, dunkelbraune langgelockte Haare und einen buschigen, herabhängenden Schnurrbart. In seinem Blick lag etwas ungemein Kühnes und eine gewisse trotzige Schlauheit; sein Auftreten und seine Haltung vertreten weltmännische Gewandtheit und große Willensstärke." (Erschienen in „Der Tag", 1. März 1925) Seit seiner Jugend trug er einen Zwicker, der seine scharfen Züge noch betonte. Er war tadellos gekleidet und verstand es, zu verbergen, dass er kaum viel mehr Wäsche und Kleidung besaß, als er am Leib trug. Dafür hatte er das gefällige Aussehen eines Ästheten mit Manieren, wirkte wie ein westeuropäischer Intellektueller des Fin de Siècle, las gerne die Romane der europäischen Klassiker, sprach fließend Französisch und Deutsch, trug schwarze Anzüge und weiße Manschetten, hatte also für bürgerliche Kreise nichts gemein mit einem ungeschlachten revolutionären Demagogen. So fiel er im Salon einer Baronin nicht negativ auf, nur Visitenkarte konnte er keine vorweisen. Wie denn auch: Er wechselte ständig seine Decknamen.

Überall, wo er hinkam, Zürich, Genf, Wien, Paris, London, Brüssel, Lüttich, fand er arme, revolutionäre und idealistische Emigrantengruppen vor, Tausende junge Menschen, die ihm ähnlich waren, eine revolutionäre Intelligenzschicht, die bereits auf einen langen Kampf zurückblicken konnte. Die Jüngeren waren vom europäischen Sozialismus inspiriert, allen gemeinsam war der Glaube, dass die Befreiung Russlands durch eine Revolution bevorstand. 1905 schien es so weit zu sein, Sankt Petersburg lag im Fieber, das Zarenreich war erschüttert, es hatte im Russisch-Japanischen Krieg eine Niederlage erlitten. Russland stand in Flammen, die historische Stunde schien gekommen. Ein Strom von Migranten kehrte zurück, auch Trotzki, unter falschem Namen, um am Aufbau des Petersburger Sowjets mitzuarbeiten. Er wurde Vorsitzender, aber schon Ende 1905 verhaftet.

Es war nur eine misslungene Generalprobe, der Aufstand wurde im Dezember niedergeschlagen, es folgten die Jahre der Reaktion. Die Revolutionäre, die sich eben noch an der Spitze von Millionen gewähnt hatten, sahen, wie sich die Verbindungen, die sie mit den Massen vereinten, spurlos auflösten. Durch die ständig steigende Verschlimmerung ihrer Lage zu ohnmächtiger Wut getrieben, verstrickten sie sich in kleinliches, bitteres Gezänk und bezichtigten sich gegenseitig als Urheber der Niederlage. Erst jetzt, als sie wieder ins Ausland zurückkehrten, erkannten sie das ganze Elend ihres Emigrantenlebens: Trennung von Familie, Freunden, Heimat. So entstand ihre Neigung zu Streit, Intrige, nachtragendem Gezänk und Spaltung. Wie ein Sack von Flöhen kam einem das progressive Lager vor: kaum zusammenzuhalten. Selbst Lenin, dem vielleicht Allerrobustesten der Emigranten, fiel das Exilleben nun schwerer als zuvor. Er verbrachte seine Tage in

Bibliotheken, aber „abends wussten wir nichts mit ihm anzufangen", schrieb seine Frau.

Auf dem Weg in die sibirische Verbannung nach dem Prozess im Oktober 1906 gelang Trotzki die Flucht nach London und Berlin. Er war knapp 28 Jahre alt und ließ sich nicht entmutigen, sein Geist schien weniger verwundet als der der anderen, er war auch jünger und Städte wie Wien waren für ihn anziehend. Seine Theorien über die Russische Revolution gaben ihm die Sicherheit, dass er ihren Triumph erleben werde, und zwar in nicht ferner Zeit. Selbstvertrauen besaß er immer, und der Glaube an seine Bestimmung war durch die Ereignisse von 1905 eher noch gesteigert worden. Für ihn war die Wiedergenesung des Zarismus ein bloßes Intervall zwischen zwei Revolutionen. Irgendwann würde die Stimmung wieder umschlagen und dann würde die Arbeiterklasse die Monarchie stürzen. Aber vorher müssten das Gezänk, die Polemiken, die ständig wechselnden Feindschaften und Bündnisse aufhören. Mit einer für die Jahre der Depression ungewöhnlichen Begeisterung forcierte er den Gedanken der permanenten Revolution.

Da er in Deutschland keine Aufenthaltsgenehmigung erhielt, beschloss er, mit Natalja und seinem neugeborenen Sohn nach Wien zu gehen. „Im Oktober 1907 war ich schon in Wien", schrieb er in „Mein Leben", „bald kam meine Frau mit dem Kinde. Aus Wien trug uns nach sieben Jahren eine ganz andere als die revolutionäre Welle hinaus, jene, die den Boden Europas mit Blut getränkt hat." Diese sieben Jahre bis 1914 waren keine schlechte Zeit für ihn. Gab es überhaupt eine bessere in seinem Leben? Er sprach vor österreichischen Arbeitern und nahm Anteil an der Sozialdemokratischen Partei. Das half ihm, sich vor der Emigranteninzucht zu bewahren. Die Hoffnung, hier sein eigener Herr zu sein und die eigenen Wege fern von den erbittert geführten Streitigkeiten gehen zu können, betrog ihn nicht. Und über welche Parteikanäle er finanzielle Unterstützung erhielt, war ihm egal. Hauptsache, er war nicht genötigt, auf eine der Forderungen der einflussreichen Fraktionen einzugehen.

Er liebte Wien wirklich, konnte hier schreiben und publizieren und so bereute er es nicht, hierhergezogen zu sein. Und das, obwohl Österreich nicht seine erste Wahl gewesen war, er war viel mehr interessiert am (politischen) Leben in Deutschland, es war ihm aber „aus polizeilichen Gründen" nicht möglich, sich in Berlin niederzulassen. In Wien hatte der Behördenapparat den Ruf, schlampig und bestechlich zu sein. Zuständig für Migranten wie ihn war die „Zentralstelle für die Überwachung der Auswandererbewegung" bei der Polizeidirektion Wien. Sie sollte das herumreisende Volk, vor allem „unbefugte Agenten", im Auge behalten.

Doch da gab es noch andere Interessen: Wien war auch eine Fremdenverkehrsstadt und lästige Passkontrollen kamen bei den harmlosen Reisenden gar nicht gut an. Der „Verein für Stadtinteressen und Fremdenverkehr" wandte sich daher an das Innenministerium mit der dringlichen Aufforderung, „die Bedürfnisse des Fremdenverkehrs nicht außer Acht zu lassen und Missgriffe nach Tunlichkeit zu vermeiden". Die Intervention zeigte Wirkung, die Tourismuslobby wurde beruhigt. Die Kontrollen würden selbstredend nur gegenüber denen Anwendung finden, „die vom reisenden Publikum wohl sofort zu unterscheiden sind". Jede Behinderung des Fremdenverkehrs werde unbedingt vermieden, so die Beschwichtigungsmeldung im „Neuen Wiener Tagblatt" vom 21. April 1914.

Nun, Herr Trotzki wirkte mit seinem gepflegten Anzug durchaus wie einer aus dem „reisenden Publikum", wie ein Teil der bürgerlichen Gesellschaft, deren Fäulnis und Zerfall er bereits in zahlreichen Artikeln angeprangert hatte. So wurde er in Wien fast so etwas wie eine stadtbekannte Erscheinung, sicherlich eine der zentralen Figuren der russischen Emigration. Er bereute es nicht, der österreichischen Hauptstadt den Vorzug vor dem Rest des Kontinents gegeben zu haben. Nur Odessa wäre für ihn noch reizvoller gewesen, aber das ging ja nicht.

Er merkte zudem schnell, dass es sich für einen russischen Emigranten im Herrschaftsbereich Habsburgs gut leben ließ.

Offenbar war die Rivalität zwischen Wien und Sankt Petersburg ausschlaggebend dafür: Man betrachtete in Wien jeden Feind der Romanows als Freund. Glaubt man freilich einem österreichischen Zeitungsbericht vom 1. März 1925 („Der Tag"), hatte die Wiener Polizei dennoch ein Auge auf den Revolutionär Bronstein/Trotzki. Ein Wachmann mit dem schönen wienerischen Namen Czermak soll mit seiner Überwachung beauftragt gewesen sein und ihn immer wieder aufgesucht haben.

Das Wien der Randständigen und Deklassierten

Sie waren das Gegenbild zum glanzvollen künstlerisch-intellektuellen Wien des Fin de Siècle: die vielen Zuwanderer, die zum menschlichen Treib- und Strandgut der Stadt wurden. Sie schwammen in ihrem trüben Wasser am Rand der Gesellschaft, die Existenz beschränkte sich aufs Überleben. Einer von ihnen, Adolf Hitler, war 1909 ganz unten angelangt, war zum Deklassierten aus eigenem Verschulden geworden. Es war der Tiefpunkt seines Lebens. Mit diesem Abstieg hatte er nicht gerechnet, als er im September 1907 aus dem Bummelzug, der ihn von Linz nach Wien gebracht hatte, ausstieg. Viele andere junge Männer wie er, denen man die bäuerliche Herkunft anmerkte, waren hier am Westbahnhof schon ausgestiegen, erfüllt von derselben Hoffnung und nervösen Aufregung. Nur bei wenigen erfüllten sich die Erwartungen. Doch das kümmerte den jungen Mann nicht.

Man sah ihm an, dass er noch nie schwer gearbeitet hatte, er besaß die zarten Hände eines Arztes oder Malers. Mit fünfzehn hatte er die Realschule ohne Abschluss verlassen und sich drei Jahre lang das Leben eines Dandys gegönnt. Jede Verantwortung für sein Leben war ihm nach dem Tod des Vaters von den treu sorgenden Frauen in seiner Familie abgenommen worden. Er konnte mit Essenspaketen aus der Heimat rechnen. Über ihm, im Gepäcknetz des Dritte-Klasse-Abteils, lag neben seinem Gehstock und einem abgewetzten Lederkoffer mit seinen ärmlichen Habseligkeiten die Eintrittskarte in die Welt des Ruhms: seine Mappe mit Zeichnungen. Er sah sich nämlich als aufstrebenden Künstler. Die Stadt würde das in ihm schlummernde künstlerische Genie befeuern.

War es Bequemlichkeit, dass er gleich in der Nähe des Westbahnhofs ein Zimmer nahm? In der Gegend reihte sich eine Mietskaserne an die andere, riesige graue Blocks aus der Gründerzeit, und sie wurden alle voll. Es galt, eine Bevölkerung aufzunehmen, die sich in den vergangenen fünfzig Jahren auf fast zwei Millionen vervierfacht hatte. Hitler landete in einem Wohngebiet, in dem sich die Neuankömmlinge niederließen: eines mit ungünstiger Lage, bar jeder Infrastruktur. Spötter nannten diese Areale in Anspielung auf unterentwickelte Länder abschätzig: „Affentürkei", „Mexiko", „Kreta", „Krim" oder „Negerdörfl". Zimmer-Küche-Wohnungen von maximal 30 Quadratmetern beherbergten nicht selten sechs bis acht Personen. 1910 lebten knapp 700.000 Wiener in solchen Haushalten in Zinshäusern der Spätgründerzeit. Sie wurden, zumindest in den Vororten, zum „Synonym für ungesundes und rückständiges Wohnen" (Marion Krammer in: „Das Wiener Zinshaus, 2023).

Nicht alle, die eine eigene Wohnung besaßen, konnten diese auch finanzieren. Sie waren auf Untermieter angewiesen, um sich das Wohnen in der Stadt leisten zu können. Noch eine Ebene darunter befanden sich die Bettgeher, ihnen stand kein eigener Raum, sondern lediglich ein Bett zur Verfügung. Nicht selten kam es vor, dass Bettgeher, die unterschiedliche Arbeitszeiten hatten, ein Bett hintereinander benutzten. In dem Roman „Josefine Mutzenbacher" von 1906 wurde an dieses Milieu aus bitterster Armut, überfüllten Wohnungen und damit einhergehenden sexuellen Übergriffen erinnert.

Zu einer Klein- oder Kleinstwohnung kam man meist durch Mundpropaganda oder durch Zettel, die mit Reißnägeln an den Haustüren befestigt waren. Da stand zum Beispiel darauf: Zimmer, Küche, Kabinett, Hofwohnung, Bedingung: keine Kinder, keine Haustiere. Vermutlich blieb Adolf Hitler in Bahnhofsnähe vor dem ersten Haus stehen, an dem ein solches „Zu vermieten"-Schild zu sehen war. So stolperte er mit seinem Koffer über einen dunklen und engen Hof zum Treppenaufgang eines Hinterhauses in der Stumpergasse 31. In jedem Stockwerk befand sich am Gang ein gusseisernes Wasserbecken mit emaillierter Oberfläche, die Bassena. Sie war ein Ort der Kommunikation.

Was hinter den verschlossenen Türen der Wohnungen passierte, war vom Gang aus nicht wahrnehmbar, wohl aber die Gerüche, die aus den Wohnungen drangen und das Stiegenhaus durchzogen. Die Innenhöfe und Stiegenhäuser der Wiener Zinshäuser waren berüchtigt für ihre Küchengerüche, für ihre abstoßende Mischung aus gekochtem Kraut und dem Geruch der Petroleumlampen. So wird auch Hitler das typisch bürgerliche Ressentiment empfunden haben, den Ekel vor dem niederen Volk und seinem Geruch. Aber immerhin hatte er ein eigenes Zimmer.

Ein Jahr später, 1908, war er in der Anonymität der Großstadt Wien untergetaucht, wählte noch billigere Behausungen, weil das Geld aus seinem Erbteil zu Ende ging. Obwohl die finanzielle Ungewissheit und die ständige Gefahr des sozialen Abstiegs ihn umstimmen hätten müssen, kümmerte er sich nicht einen Tag lang um den Einstieg in ein geregeltes Berufsleben. Die „Schule der härtesten Wirklichkeit" bestand in seiner ersten Wiener Zeit aus Müßiggang. Finanzielle Zuwendungen aus der Familie erlaubten es in diesem Jahr gerade noch, sein dandyhaftes Bohemien-Leben fortzusetzen. Aber das Ende war absehbar.

Später schrieb er, in seinem Buch „Mein Kampf", in Wien Not und Elend, Hunger und Armut kennengelernt zu haben. Das hielt er, nach seinem misslungenen Putschversuch von 1923 in München, für eine gute Gelegenheit, mit den harten Prüfungen, die er in seinem Leben durchgemacht habe, zu beeindrucken und festzuhalten, welch große Leistung es war, trotz dieser Umstände an seiner „Mission" festgehalten zu haben. Die wahre Leistung bestand aus psychologischer Sicht darin, sechs Jahre lang das narzisstische Bild, das er von sich selbst hatte, unter diesen Umständen nicht aufzugeben. Die als demütigend empfundene Zeit hinterließ in ihm den Wunsch, es der Welt, die ihn mit Füßen getreten hatte, heimzuzahlen. Doch diese Sehnsucht hatten viele der Deklassierten, das hebt Hitler nicht heraus.

Ungern gestand er sich ein, dass er, der sich als Kunstgenie betrachtete, seine Hoffnungen auf eine künstlerische Laufbahn begraben musste. Im Oktober 1907 hatte er sich an der Wiener Akademie der bildenden Künste einer Aufnahmeprüfung unterzogen, doch die von ihm eingereichten Zeichnungen fanden bei den Professoren keine Gnade. Er fiel durch. „Ich war vom Erfolge so überzeugt, dass die mir verkündete Ablehnung mich wie ein Blitz aus heiterem Himmel traf", erinnerte sich später der Möchtegern-Student. Doch er zog keine Konsequenzen aus dem vernichtenden Ende seines „Künstler"-Alibis.

Aus Scham kehrte er nicht in die Heimat zurück, wollte überhaupt niemandem, der ihn näher kannte, mehr unter die Augen treten, egal, ob Familie oder Freunde, sondern entfaltete einen ziellosen Aktionismus. Er verbrämte seine Unfähigkeit zu disziplinierter und konsequent betriebener Tätigkeit: „So stand bei mir der Entschluss fest, als Autodidakt weiterzuarbeiten." Er sah seine Zukunft als Baumeister, in der Architektur, als Stadtplaner. Zeitlebens schwärmte er von den Bauten der Ringstraße. Stunden verbrachte er damit, sie zu betrachten und maßstabgetreu aus dem Gedächtnis nachzuzeichnen. Sie waren ihm schon bei seinem ersten Wien-Besuch 1906 „wie ein Zauber aus Tausendundeiner Nacht" erschienen.

Als er auch beim zweiten Antreten an der Akademie scheiterte, gab er die Hoffnung auf eine berufliche Ausbildung auf, kapselte sich noch mehr ab und verbrachte viel Zeit lesend in seinem Zimmer oder in öffentlichen Bibliotheken. Wochen der Euphorie wechselten mit solchen tiefer Niedergeschlagenheit. Er lebte sparsam, stellte keine Ansprüche bei seinen Wohnverhältnissen, zudem konnte man in Wien damals preiswert essen, viele Restaurants boten um 40 Heller einen „vorzüglichen Mittagstisch" an, Garküchen kosteten nur einen Bruchteil davon. Angeblich gab er auch das Rauchen auf und trank und aß mäßig. Zumindest das Stehparterre in der Hofoper wollte er sich, wenn möglich, leisten. Die Musik von Richard Wagner ließ ihn „in ein mystisches Traumland entschweben", so August Kubizek, sein Freund aus den Wiener Jahren. Ansonsten sei er „vollkommen unausgeglichen" gewesen, schreibt Kubizek, dessen „Erinnerungen" freilich, so der neue Forschungsstand, nur mit Vorsicht rezipiert werden dürfen.

Der Tod der Mutter im Dezember 1907 bedeutete einen Schock. Doch auch er brachte ihn nicht dazu, der Wahrheit ins Gesicht zu sehen, nämlich dass er im Gespinst einer Traumwelt verfangen war. Hatte er, ohne je eine richtige Ausbildung anzutreten, vorgehabt, das Leben eines Bohemiens zu führen, schließlich war er aus bürgerlichem Hause, war es nun auch damit vorbei. Er wurde zum Stadtstreicher ohne wärmenden Mantel und stellte sich bei Klosterküchen um einen Teller Suppe an.

Auch die Zeit, als er von seiner Familie in der Heimat finanzielle Zuwendungen erhalten hatte, ging zu Ende. Die Angehörigen hielten ihn inzwischen für einen „Taugenichts, der jede brotbringende Arbeit von vornherein scheute", so August Kubizek. Tatsächlich zeigte er sich nach Augenzeugenberichten für schwere Arbeit als zu kraftlos und unbeholfen. Das Vermögen des Vaters war aufgebraucht, so blieb ihm nur eine Waisenrente. Hitler hungerte und fror, trug schäbige Kleider und zerlumpte Schuhe und übernachtete einige Male auf Parkbänken, von wo ihn die Polizei vertrieb. Er war ein Fall für die städtische Obdachlosenfürsorge geworden.

Schon in der Nähe von Hitlers Untermietzimmer in der Stumpergasse 31 gab es gleich um die Ecke soziale Einrichtungen, eine Volksküche, wo man um 30 Heller ein dreigängiges Mittagessen bekam, Wärmestuben, ein öffentliches Bad. Ein Wannenbad konnten sich aber bei Weitem nicht alle leisten. „Die beliebtesten Speiseanstalten sind derzeit die öffentlichen Parks", schrieb die Satirezeitschrift „Kikeriki", „dort sitzen zu Mittag gleich zu hunderten die Leute auf den Bänken, die sich die Sonne in den Magen scheinen lassen. Der Sonnenschein dürfte jetzt bald eine der beliebtesten österreichischen Volksspeisen werden."

Die Empörung über die Teuerung bei den Lebensmitteln und Mieten führte in den Vorkriegsjahren immer wieder zu Massenkrawallen, die vom Militär niedergeschlagen wurden. Die „Berufshausherren" ahndeten selbst kleinste Mietrückstände mit Kündigungen und Delogierungen und wurden für die Bevölkerung zum Feindbild schlechthin. Sie waren es jedoch, die in der Gunst des Bürgermeisters Karl Lueger standen, nicht die unruhige Masse der „Proletarier". Die Behauptung der Wiener Stadtregierung im Jänner 1908, es sei „undenkbar, dass jemand in Wien schuldlos jetzt bei der kalten Jahreszeit ohne Obdach sein kann", war blanker Hohn.

Hitler schrieb darüber in „Mein Kampf": „Wien gehörte nach der Jahrhundertwende schon zu den sozial ungünstigsten Städten. Strahlender Reichtum und abstoßende Armut lösten einander in schroffem Wechsel ab ... Vor den Palästen der Ringstraße lungerten Tausende von Arbeitslosen, und unter dieser via triumphalis des alten Österreich hausten im Zwielicht und Schlamm der Kanäle die Obdachlosen." Die Reportagen des Journalisten Max Winter bestätigen das, die Statistiken sprechen dieselbe Sprache. Die Zahl der Obdachlosen stieg in beängstigender Geschwindigkeit. Vielen zugewanderten Arbeitern blieb meist nichts anderes übrig als das Bettgehertum. Vielen Studenten erging es ähnlich. Hitler wurde aus einem reflektierenden Beobachter der Wohnungsmisere zu einem direkt Betroffenen. Er reihte sich ein in die Schar der Armen, die sich bei Wärmestuben und Essensplätzen anstellten und in den Massenquartieren eine Übernachtungsmöglichkeit suchten.

Die Stadt Wien versuchte der Wohnungsmisere unter anderem mit der Errichtung von Männerwohnheimen entgegenzuwirken. Besser wäre es gewesen, die Macht der Wiener Hausbesitzer zu brechen. Gesetzlich geregelte Mietzinsbildung und Kündigungsschutz gab es vor 1917 nicht. Der Mietzins konnte beliebig festgesetzt und jederzeit erhöht werden. Gekündigt wurde ebenso formlos wie schnell. Wer innerhalb einer Frist von vierzehn Tagen nicht auszog, wurde delogiert.

Eine erste große Protestwelle von Teilen der Wiener Bevölkerung rollte ab 1910 durch die Stadt, die Mieterstreiks und Mieterrevolten begannen sich zu mehren. Doch am Einfluss der Wiener Hausbesitzer vermochte das bis zum Ausbruch des Ersten Weltkriegs nichts zu ändern. Mit dazu beigetragen hat sicherlich auch der Umstand, dass viele Zinshausbesitzer aktiv in der Gemeindepolitik tätig waren. Der Wiener Gemeinderat bestand zur Hälfte aus Hausbesitzern. Damit waren sie nicht mehr nur Herren im eigenen Haus, sondern dehnten ihren Einfluss weit darüber hinaus aus.

Wurden arbeitsfähige Obdachlose von der Polizei beim Versuch, im Freien zu übernachten, „ertappt", wurden sie ins städtische Asyl- und Werkhaus überstellt, eine Einrichtung aus der Zeit Maria Theresias. Während das Obdachlosenasyl unterstandslosen Personen und Familien ein befristetes Nachtquartier bot, fanden im Werkhaus erwerbslose, arbeitsfähige Personen, die in Wien heimatberechtigt waren, gegen Leistung einer entsprechenden Arbeit vollständige Verpflegung.

„Spitalsbedürftige", Alkoholiker, „Unreine" (bei denen Ungezieferbefall festgestellt wurde), Personen, die in Wien keinen ordentlichen Wohnsitz hatten oder die keine Dokumente besaßen, sowie unbegleitete Kinder unter vierzehn Jahren waren vom städtischen Obdachlosenasyl ausgeschlossen. Die Aufnahme erfolgte, wenn sich jemand selbst meldete oder von der Polizei gebracht wurde. Das Asyl wurde erst mit Anbruch der Dunkelheit geöffnet, es war dann die ganze Nacht hindurch zugänglich, nur Familien mit kleinen Kindern wurden auch tagsüber eingelassen. Jede Person erhielt einen Schlafsaal und ein bestimmtes Bett zugewiesen und wurde von einem Hausarzt untersucht. Am Abend gab es ein Abendgemüse mit Brot, am Morgen eine Frühsuppe mit Brot. Kleine Kinder und kränkliche Personen wurden abends und in der Früh mit Milch und Weißbrot verköstigt. Die in der Nacht beherbergten Personen hatten nach dem Frühstück das Asyl zu verlassen, damit sie sich Arbeit und Wohnung suchten. Einzelpersonen durften sich in einem Vierteljahr in der Regel nicht länger als sieben Nächte aufhalten, für Familien wurde eine Ausnahme gemacht. (Die Angaben stammen aus der 1913 erschienenen Broschüre „Das Asyl- und Werkhaus der Stadt Wien".)

Mit der Erhöhung der Frequenz in den voll besetzten Männerheimen „sinkt das moralische Niveau", schrieb die „Reichspost" am 8. Juni 1909. Detailliert werden die Verhältnisse in einem großen Häuserkomplex an der Peripherie der Stadt geschildert, wo obdachlose Männer, „arbeitslose Leute, die im Leben irgendwie gestrandet sind", untergebracht wurden. Betrieben wurde es von einem privaten Verein. Der Reporter fand in einem Speisesaal alle Bänke besetzt von einer lärmenden, rauchenden, trinkenden Menge, der Qualm machte das Atmen fast nicht möglich, Boden und Tische waren schmutzig. „Die Mehrheit der Leute, die hier versammelt sind, scheinen moralisch ebenso defekt als ihre Kleider, sie haben ein Leben, das durch alle Tiefen führt, durch Not und Elend, Schmach und Schande." Manchmal kam die Polizei vorbei, um einen von ihnen abzuholen.

Hier schliefen in einem großen Saal 58 Personen. „Ist diese Zahl im Verhältnis zur Größe des Raumes schon eine sehr hohe, so hat man noch ein übriges getan, die hygienischen Verhältnisse zu verschlechtern, indem man um jedes Bett (,Schlafabteil') eine mannshohe Zwischenwand aufführte. Man hat dadurch jeden einzelnen zwar nicht vor der schlechten Atmosphäre des Massenschlafraums geschützt, durch den Platz, den diese Mauern in Anspruch nehmen, ist jedoch der Luftinhalt jedes Schlafsaales bedeutend vermindert. Wie es um die Hygiene bestellt ist, erhellt daraus, dass für 550 Männer beispielsweise tagsüber nur sechs Klosetts zur Verfügung sind. Bei Tag ist keine Gelegenheit vorhanden, sich auch nur die Hände zu waschen. Im Toilettezimmer ist seltsamerweise kein Waschbecken", schrieb die Zeitung.

Die Bewohner dieser Männerheime trugen ihre Habseligkeiten überall mit sich herum, sie hatten keine Aufbewahrungsorte dafür. Für die Miete eines Schranks wurde eine Krone gefordert. Auch das Essen in der Kantine war angesichts der schlechten Qualität überteuert. So stellten sich zur Mittagszeit fünfzig bis sechzig Männer rund um einige wenige Gaskocher an, um sich selbst etwas zu kochen. Viele gaben diese Art von Unterbringung wieder auf und kehrten zu den früheren traurigen Verhältnissen als Bettgeher zurück. „Die Delegierten der Stiftung, die das Männerheim betreibt, haben kürzlich eine Studienreise in die größten Städte Europas gemacht", schreibt die „Reichspost", „es wäre gut, wenn sie auch das eigene Wiener Heim bald besuchen würden. Nicht als offizielle Vertreter der Stiftung, sondern als einfache Schlafgäste. Sie werden da vieles sehen, was ihnen bei einem ‚Studienrundgang' entgeht."

Die Forschung beschäftigte sich intensiv mit Hitlers sozialem Abstieg in Wien und seinen Unterkünften, sei es zur Untermiete oder im Männerasyl. Brigitte Hamann hat mit ihrem Buch über Hitlers Wien 1996 eine Pionierarbeit über die Wiener Lebenswelt des jungen Hitler vorgelegt. Hitler sprach selbst von einer „unendlich bitteren Zeit", einem schweren Schicksalsschlag und seinen „Lehr- und Leidensjahren". „Im Sommer konnte er im Freien schlafen ... zu Beginn des Herbstes bekam er ein Bett im Asyl", heißt es bei Alan Bullock. Hitlers erster Biograf, Konrad Heiden, schrieb: „Männerasyl. Auf harter Drahtpritsche eine dünne Decke, als Kopfkissen die eigenen Kleider, die Schuhe unter den Bettfüßen festgeklemmt, damit sie nicht gestohlen werden, links und rechts Genossen des gleichen Elends." Die Historikerin Anna Maria Sigmund hat das in neuerer Zeit bestritten. Die „Legende vom abgerissenen und bettelnden Hungerleider Hitler" ginge auf den „notorischen Lügner und Fälscher" Reinhold Hanisch zurück, den Hitler 1909 kennengelernt hatte. Seine „Märchen" vom obdachlosen Stadtstreicher Hitler würden selbst von seriösen Biografen ungeprüft übernommen. Hitler habe von seiner Waisenrente durchaus leben können, ein einfaches, zweckmäßiges Untermietzimmer sei für ihn immer finanzierbar gewesen. Unklar sind vor allem die Monate September bis Dezember 1909, Hitler war in dieser Zeit nirgends polizeilich gemeldet. Allgemein wird angenommen, dass er im Meidlinger Obdachlosenasyl übernachtete.

Der erwähnte Reinhold Hanisch wurde nun für einige Monate zum wichtigsten Kompagnon Hitlers. Er brachte ihn auf die Idee, Ansichtskarten von Wiener Sehenswürdigkeiten zu malen und sie zu verkaufen. Es gab dafür in Wien durchaus einen Markt. Wien war in den Jahren vor dem Ersten Weltkrieg modernisiert und industrialisiert worden, dementsprechend groß war die nostalgische Sehnsucht nach dem guten, alten Wien, vor allem der Inneren Stadt, die in ihrer überkommenen Form zu verschwinden drohte. Es war vorauszusehen, dass durch den Abriss von Gebäuden, die Anlage neuer Straßenzüge und die Schaffung neuer Plätze das Bild von Alt-Wien bald der Vergangenheit angehören würde. So legten sich die bürgerlichen Kreise Fotoalben und Bildbände an, die das liebgewordene Wien zumindest für die Erinnerung bewahren sollten.

Besonders geschätzt waren Aquarelle oder Zeichnungen nach alten Vorlagen aus der Biedermeierzeit. Diesen Markt bedienten nun der „Künstler" Adolf Hitler und sein „Vertriebschef" Reinhold Hanisch, der seine Rolle dabei großsprecherisch übertrieb. Mit dem Geld, das er von seiner Waldviertler Tante erbettelte, kaufte sich Hitler Material für Aquarellmalereien und einen Wintermantel. Was passte besser zu dem in künstlerischen Dingen rückwärtsgewandten Provinzler, als für eine durch die Moderne verunsicherte bürgerliche Gesellschaft mit einem Hang zum biedermeierlichen Kleinstädtischen zu malen? Wahrscheinlich war ihm bewusst, dass er sich mit dieser Tätigkeit als „Kunstmaler" von seinem hohen künstlerischen Ideal ein für alle Mal verabschiedete. Er gab sich auch reichlich wenig Mühe. Doch die dunkelste Zeit seiner Wiener Jahre war mit den dabei erzielten Erlösen zu Ende.

Laut polizeilichem Meldezettel zog Hitler am 9. Februar 1910 im Männerheim der Gemeinde Wien in der Brigittenauer Meldemannstraße ein und blieb dort bis 1913, so lange, bis sich wieder eine Finanzquelle auftat: Das väterliche Erbe war noch gesperrt, es wurde erst an seinem 24. Geburtstag zur Auszahlung freigegeben. Bis dahin lebte er in dem sechsstöckigen Heim in der Brigittenau. Es verfügte über 544 Schlafabteile, Einzelkabinen mit je einem Bett, die durch dünne Trennwände abgeteilt waren, einen Speisesaal für 180 Personen, zwei Lesesäle, Baderäume und ein ärztliches Behandlungszimmer.

Da das Bettgehertum mittlerweile als „gesundheitsschädlich und sittlich nachteilig" empfunden wurde, hatte die Stadt Wien die Initiative ergriffen, ein solches Männerheim zu betreiben. Der Journalist Emil Kläger verkleidete sich für eine Reportage als Obdachloser und suchte hier um Aufnahme an. Er zeigte sich überrascht über die „angenehme Wärme" im Vestibül, „das einem guten Hotel keine Schande machen könnte". Die Verpflegung empfand er als billig und durchaus qualitätsvoll, die hygienischen Verhältnisse als vorbildlich. Die meisten Bewohner hatten tagsüber eine Beschäftigung in einer der neuen Fabriken, aber sonst keine Wohnmöglichkeit. So kamen sie abends zum Essen und Schlafen hierher.

Aber auch tagsüber herrschte in dem Männerheim ein Kommen und Gehen. Hitler saß an einem der Tische und malte seine Bilder, er verdiente sich damit zum ersten Mal in seinem Leben seinen Lebensunterhalt durch Arbeit. Der Kunsthändlers Otto Schatzker, einer der „Geschäftspartner" Hitlers, wird vom Historiker Johannes Sachslehner mit der Aussage zitiert: „Es war keineswegs so, dass er nur im Männerheim saß und malte. Die geschäftlichen und sozialen Kontakte waren insgesamt vielfältiger, als bislang vermutet." Hitler war demnach selbst im ersten Bezirk unterwegs, um seine Bilder an den Mann zu bringen. Er muss also ein einigermaßen seriöses Auftreten gehabt haben. Den Erlös musste er im Heim in der Meldemannstraße gleich wieder abliefern, übrig blieb da nichts. Doch Hitler hielt ohnehin nichts von abendlicher Geselligkeit, von Frauen hielt er sich fern. Gerne und mit großem Eifer beteiligte er sich an den hitzigen politischen Diskussionen im Männerheim. Er hatte ein ganzes Reservoir an Gegnern, die er verbal attackierte: die „Roten", die „Slawen", die „Jesuiten", die „Juden".

Dass Hitler bis zum Mai 1913 hier wohnen blieb, entsprach nicht den Gepflogenheiten. Im Schnitt sollten die Männer nur fünfzig Tage hierbleiben, bei Hitler waren es 1.200. War er zu einer Art Institution geworden? Weil er sich als „Künstler" verkaufte? Doch da war er nicht der Einzige, auch andere dichteten, schrieben, malten, zeichneten und studierten in den Aufenthaltsräumen. Überhaupt hatte man den Eindruck, dass sich seine Interessen verlagerten: Er sprach leidenschaftlich monologisierend über Politik. Und da war noch die Frage seiner Wehrpflichtigkeit: Nach den Statuten der Anfang des Jahres 1909 erlassenen Heeresgesetznovelle war der am 20. April 1889 geborene Hitler 1910, nach Vollendung seines 21. Lebensjahres, stellungspflichtig. Man suchte ihn auch tatsächlich in seiner ehemaligen Heimatgemeinde Linz, nicht in Wien, wo man ihn hätte finden können.

Am Samstag, dem 24. Mai 1913, meldete er sich in der Meldemannstraße ab, ohne anzugeben, wohin er reisen würde. Kurz zuvor hatte das Bezirksgericht Linz die Auszahlung des väterlichen Erbes an den nunmehr 24-jährigen „Kunstmaler" Adolf Hitler in Wien verfügt. Fast 820 Kronen, nach heutiger Kaufkraft etwa 5.500 Euro, wurden ihm auf dem Postweg zugesandt. Schon zuvor hatte er in Gesprächen angekündigt, nach München übersiedeln zu wollen, in die „deutscheste der deutschen Städte". Ob er nach München umzog, um der Stellungspflicht in Österreich zu entgehen, ist nach wie vor umstritten. Belegt ist, dass er sich am 5. Februar 1914 in Salzburg einer Nachmusterung unterziehen musste und dabei für „waffenuntauglich" befunden wurde. Er selbst schrieb in „Mein Kampf": „Aus politischen Gründen hatte ich Österreich in erster Linie verlassen; was war aber nun selbstverständlicher, als dass ich nun, da der Kampf begann, dieser Gesinnung erst recht Rechnung tragen musste. Ich wollte nicht für den habsburgischen Staat fechten …" Man kann jedoch davon ausgehen, dass der Grund für die Übersiedlung nicht politischer, sondern ökonomischer Natur war: Er hatte jetzt Geld.

Ein Aufsteiger mit Ambitionen

Josip Broz, der junge kroatische Schlosser, hatte seine Heimat hinter sich gelassen. Nachdem er von Betrieb zu Betrieb gezogen war, landete er im Jahr 1909 bei Meister Nikolas Karas in Sisak, sechzig Kilometer südöstlich von Zagreb. Sein Meisterstück existiert hier heute noch: das eiserne Treppengeländer im Gerichtsgebäude der Stadt. Doch aus dem Schlosser wurde kein unabhängiger und gut situierter Meister in einer kleinen Provinzstadt. Er schloss in Zagreb seine berufliche Ausbildung als Maschinenschlosser ab und begab sich im Sommer 1911 auf Wanderschaft wie Zehntausende andere Handwerker, Lehrlinge und Arbeiter, die in Österreich-Ungarn alljährlich im Frühling loszogen, um neue Fachkenntnisse zu gewinnen. Viele von ihnen kamen nach Wien, weil sie sich hier höhere Löhne erhofften.

Auch in dem proletarischen Milieu von Sisak, in dem sich der 17-jährige Schlosserlehrling bewegte, zirkulierten die Ideen der kroatischen Nationalbewegung, sie wurden unterfüttert mit sozialistischer Propaganda. Für Josip war es wie eine Offenbarung, als er von einem Arbeiter erzählen hörte über den Sozialismus, die Solidarität der Arbeiter und den politischen Kampf ihrer Klasse. Denn die kroatischen Arbeiter fühlten sich in mehrfacher Hinsicht unterjocht, durch den Zwang ihrer wirtschaftlichen Lage, durch die unterentwickelten kroatischen Verhältnisse und die nationalen Diskriminierungen. Das machte sie radikaler als die österreichisch-ungarischen Sozialdemokraten. Als Geselle trat Broz 1910 in Zagreb der Metallgewerkschaft bei und war damit automatisch auch Mitglied der Sozialdemokratischen Partei. Den Moment, als er den Mitgliedsausweis und das Parteiabzeichen, zwei Hände, die einen Hammer umklammern, erhielt, vergaß er in seinem ganzen Leben nicht.

Jeden Tag ging er nach der Arbeit in die Gewerkschaftszentrale. Dort fand er Literatur, er begann zu lernen und zu lesen, wollte seinen Horizont erweitern. Der moralische Anspruch, der in dieser Subkultur vorherrschte, gefiel ihm und half mit, die Frustrationen, die ihm sein Leben bis dahin beschert hatte, zu bewältigen. Die alten Rituale der katholischen Kirche verblassten. Offensichtlich, stellte er fest, erging es vielen anderen ähnlich. Sie waren also nicht allein: Neben den Handwerkern, den Resten der alten Zünfte, neben dem gewöhnlichen Volk und den Armen gab es die Schicht der Arbeiter, eine Klasse, die sich zwar gerade erst in ihren Anfängen befand, aber sich doch deutlich abhob von den übrigen Bewohnern der Städte. Es hatte lange gebraucht, bis sie sich als einheitliche gesellschaftliche Gruppe verstanden, zu divergent waren die Abhängigkeiten und Beschäftigungen je nach Kronland und Region. Wie sollten sich auch städtische und ländliche Unterschichten, das Gesinde auf den Bauernhöfen, die Taglöhner und Saisonarbeiter, die wiederholt wanderten und die Beschäftigung wechselten, als zusammengehörig empfinden? Was sie jedenfalls wussten, war, dass ihnen nichts geschenkt wurde.

Man arbeitete zwölf Stunden, die Lehrlinge aßen beim Meister und schliefen in der Werkstätte. Der Lohn war damit abgetan, aber es gab eine ausgeprägte Vertrautheit im Verhältnis zum Meister, er sorgte für Ausbildung und Erziehung zugleich. In der Lehrlingsschule erhielten sie eine zusätzliche Allgemeinbildung. In der arbeitsfreien Zeit schauten die Lehrjungen durch die Zäune der Gasthaus- und Kaffeehausgärten, wo sich die bessere Gesellschaft vergnügte, manchmal war ein Zirkus in der Kleinstadt. Josip Broz war schon einen Schritt weiter: Er gehörte zur Schicht der qualifizierten Maschinenbauarbeiter, die eine Lehre abgeschlossen hatten und sich um den Eintritt in eine Fabrik bemühten. Dazu gehörten Schlosser, Drechsler, Schmiede, Wagner, Metallgießer.

Sie lösten sich aus der Bindung zu den Handwerksmeistern und erhielten in der Fabrik merkbar höhere Löhne, arbeiteten hier „nur mehr" zehn bis elf Stunden pro Tag.

Es herrschte ein klarer sozialer Unterschied zu den ungelernten Hilfskräften. Die Facharbeiter wollten in der Mittagspause nicht an einem Tisch mit ihnen sitzen. Ihr Selbstbewusstsein zeigte sich auch darin, dass sie „Wunsch- und Beschwerdebücher" führten: Hier wurden Vorschläge für die Verbesserung von Hygiene, Heizung und Durchlüftung der Arbeitsräume niedergeschrieben, eine bessere Verpflegung oder bessere Organisation der Lohnauszahlungen gefordert. Wer mehr als zehn Jahre in einer Fabrik arbeitete, erhielt manchmal Begünstigungen. Es gab Beispiele eines starken Verbundenheitsgefühls der älteren Arbeiter mit der Direktion, es entstanden halbpatriarchale Strukturen inner- und außerhalb des Betriebs, den Arbeitern wurden zum Beispiel vom Fabrikseigentümer Wohnungen zur Verfügung gestellt.

Nicht alle besaßen diese privilegierte Stellung. Die Maurer und andere Bauarbeiter arbeiteten ungeregelter, je nach Witterung und Jahreszeit, in den drei bis vier Wintermonaten gar nicht. Viele von ihnen waren ledig und kehrten zu Weihnachten in ihre Heimatorte zurück. Es war angebracht, die Risiken der Arbeit am Bau immer im Auge zu behalten und die Bindung an den kleinen landwirtschaftlichen Besitz im Heimatort aufrechtzuerhalten. Überregional berühmt wurden die Ziegelarbeiter aus dem Wiener Bezirk Favoriten, aus Hernals, Guntramsdorf und Wiener Neudorf. Die Brennereien konnten mit einem fast unbeschränkten Zustrom billiger Arbeitskräfte aus den landwirtschaftlichen Gebieten Böhmens und Oberungarns rechnen. Allein im Bezirk Favoriten, einer reinen Proletariergegend und Industrieregion, lebten um 1900 mehr als 12.000 Männer und 11.375 Frauen mit tschechischer Umgangssprache, die „Ziegelböhm". Die Maschinenproduktion von Ziegeln hinkte lange Zeit hinterher, die manuelle Erzeugung war billiger, weil die Arbeiter schlecht entlohnt wurden. Dabei war die Arbeit überaus anstrengend. Die ärmsten Ziegelarbeiter wurden zwar in vom Unternehmer Heinrich Drasche errichteten „Kasernen" untergebracht, standen aber wegen der totalen Kontrolle der Lebensmittelversorgung in völliger Abhängigkeit. Als elend und menschenunwürdig galt auch die Unterbringung der italienischen Saisonarbeiter in den Ziegelwerken Oberösterreichs.

Die Sozialdemokraten sahen es als ihre Aufgabe, den Arbeitern einzuhämmern: Lasst euch nicht auseinanderdividieren, ihr seid alle Arbeiter, egal, ob ihr Maschinen baut oder Ziegel brennt, egal, ob ihr Böhmen, Ungarn oder Kroaten seid. Die Partei bekämpfte das verbreitete Schamgefühl unter den Fabrikarbeitern, die über ihre armselige Lebenssituation, die Wohn- und Ernährungsverhältnisse, keine Auskunft geben wollten. Der Fatalismus, die Gewöhnung an den Notstand, bei dem es ums bloße Überleben ging, behinderte jede politische Arbeit.

Wie die Arbeitsverhältnisse in einer großstädtischen Werkstätte waren, hatte Broz 1910 noch nicht erlebt. Seine Lehrjahre absolvierte er in der Provinz, und da ging es verhältnismäßig gemütlich zu. Wir erfahren die wirklich düsteren Seiten durch den Journalisten Max Winter, durch seine Expeditionen ins „Reich des Proletariats". Eine Schlosserwerkstätte ist auch dabei, sie gehört zum Wiener Westbahnhof: „Rauch und Qualm, öliger Dunst erfüllen die Halle. In der Mitte steht so etwas wie ein Maroniofen, der mit Holz und Koksstückchen gefüllt ist. Diesem ‚Ofen' ist die Verpestung der Luft zu danken. Die zu dieser Werkstätte gehörenden Aborte sind nur mit äußerster Vorsicht zu genießen. Wer da hinaufsteigt, bekommt schmutzige Sohlen … Und dabei überall diese Enge. Wir winden uns zwischen Maschinen durch, Arbeiter mit offenen Fluidlämpchen arbeiten in den finsteren Gruben am Bauch der Maschinen. Kleine Verbrennungen sind hier an der Tagesordnung. Man stolpert über einen kleinen Blechkübel, in dem eine schmutziggraue Wassermasse ist. Das sind die Waschvorrichtungen. Jeder dieser Kübel ist ein Waschbecken für zwei Arbeiter. … In der Kesselschmiede verliert jeder Arbeiter mit der Zeit sein Gehör. … In der Rohrwerkstätte müssen wir uns förmlich durchwinden.

Die Siederohre versperren uns bald rechts, bald links den Weg. Im Zickzack geht es durch. Die Arbeiter sitzen an den Löt-Öfen, zur Rechten und zur Linken. Sie müssen unter Entwicklung schädlicher Dämpfe die Rohre ansetzen und löten. ... Es folgt die Dreherei, in deren beängstigendem Gewirre von Maschinen und Transmissionen wir gleich darauf stehen. Hier büßen die Arbeiter die meisten Finger ein."

Als diese Reportage aus Wien verfasst wurde, zog der Schlossergeselle Josip Broz mit mehreren Kollegen herum, arbeitete als Metallarbeiter unter anderem in der Autofabrik Laurin & Klement im böhmischen Jungbunzlau. Nun war er also erstmals im „Ausland", hier wurde eine andere Sprache gesprochen. Die Löhne und die Arbeitsbedingungen waren aber besser als in Kroatien. Die Firma Laurin & Klement hatte sich rasch emporgearbeitet: Ein Buchhändler und ein Schlosser hatten sich 1895 aus Ärger über die schlechte Qualität der erzeugten Fahrräder zu einer Reparaturwerkstatt zusammengetan und begannen schließlich auch mit der Produktion, anfangs mit drei Mitarbeitern. Bald kamen unter dem Markennamen Slavia Motorräder und ab 1905 Automobile hinzu, eine breite Palette von Zwei- und Vierzylindermodellen. Das erste trug den nicht unelegantinen Namen Voiturette A. Als Josip Broz hier kurz angestellt wurde, war das Unternehmen bereits der größte Automobilhersteller in Österreich-Ungarn, man baute zwischen 1905 und 1925 sechzig verschiedene Automodelle, stellte Geschwindigkeitsrekorde bei Autorennen auf und scheffelte viel Geld. Dann machte sich das Unternehmen auf die Suche nach einem strategischen Partner und fand in Škoda einen so starken, dass es gleich verschluckt wurde. Der alte Name Laurin & Klement erlosch damit.

Broz hatte ein besonderes Faible für die junge Autobranche. Fast alle Betriebe, die er im Zuge seiner „Walz" besuchte, gehörten dazu, jeder hatte ihm etwas Neues zu bieten. Tausende Metallarbeiter, die in riesigen Fabrikshallen zusammenarbeiteten, die Kraft, die so ein Anblick verströmte, all das beeindruckte ihn tief. Diese Männer verkörperten für ihn die Zukunft. Doch bei den Schulungsabenden der Sozialdemokraten, die er besuchte, wurden ganz andere Themen diskutiert, zum Beispiel die Berichte des Arbeitsinspektorats. Gerade bei den metallverarbeitenden Betrieben kam es zu vielen Unfällen, ein Referent des Jahres 1912 berichtete über „hunderttausend verstümmelte und vernichtete Arbeiterleben" („Arbeiter-Zeitung" vom 4. Oktober 1913), von überfüllten und kaum durchlüfteten Räumen, dem Fehlen von Waschvorrichtungen und Aborten, der Nutzung von Kellern als Werkstätten. Egal, ob kleiner Gewerbebetrieb oder größere Fabrik, kaum jemand hielt sich an die vorgeschriebenen behördlichen Bestimmungen, heißt es hier. Erfahrungen wie diese gehen in romantisierenden Berichten über vazierende Gesellen meist unter, Josip Broz sind sie nicht entgangen.

Tschechisch hatte er schon angefangen zu lernen, nun kam Deutsch hinzu, denn er wollte unbedingt die Arbeit bei den neuen Industriegiganten Deutschlands kennenlernen. Da war Mannheim gerade der richtige Ort. Der weltberühmte Ingenieur Carl Benz hatte hier 1908 den Grundstein für die Erfolgsgeschichte der Automobilbranche gelegt, hier steht heute auch sein Denkmal in Bronze. So kam Josip Broz als Gastarbeiter 1911 zu den Deutschen. Nicht nur der Krieg und die spätere Aussöhnung mit den Kanzlern Willy Brandt und Helmut Schmidt verbanden ihn also mit Deutschland, sondern auch seine Lehr- und Gesellenjahre.

Zunächst arbeitete er in Mannheim in einem Unternehmen im Hafenviertel, das Schiffsanker herstellte, dann kam er zum „neuen Benz", wie der Betrieb des Autoherstellers in Mannheim genannt wurde. 1871 hatte Carl Benz hier eine mechanische Werkstätte gegründet, die sich in rasantem Tempo entwickelte. Bis zur Jahrhundertwende avancierte „Benz & Cie, Rheinische Gasmotoren-Fabrik" zum führenden Automobilhersteller weltweit. Hier wurden Zwei- und Viertaktmotoren entwickelt, hier baute Benz 1885 das erste Automobil mit Viertaktmotor, danach den ersten Motoromnibus der Welt für den Linienverkehr: alles Meilensteine.

Das von Architekt Albert Friedrich Speer, dem Vater von NS-Rüstungsminister Albert Speer, geplante neue Werk startete am 12. Oktober 1908 mit der Produktion. 1.000 Arbeiter produzierten 520 Motoren und 400 Automobile im Jahr. 1926 fusionierte die Aktiengesellschaft mit der Daimler-Motoren-Gesellschaft (DMG) zur Daimler-Benz AG.

Die Journalistin Ulla Hofmann hat in den 1980er-Jahren einiges über Broz' politische Aktivitäten in dieser Zeit herausgefunden. Weil die sozialistische Arbeiterjugend als Verein nicht erlaubt war, organisierte sie sich als Abonnentenkreis der Zeitschrift „Arbeiterjugend". Die alphabetische Abo-Liste wurde angeführt von „Broz, Josip". „Den ‚Faust' haben wir von vorne bis hinten mit verteilten Rollen gelesen", zitiert Hofmann in einem Artikel für die FAZ Ludwig Laier, einstmals Schlosser bei Benz und Gewerkschaftssekretär in Mannheim. „Das Kapital" von Karl Marx habe man gleich wieder weggelegt, „das haben wir nicht begriffen", so Laier. Kollegen schilderten Josip Broz als „breitschultrigen jungen Mann, der immer nur helle ‚Sport'-Zigaretten in Fünfziger-Packungen" rauchte. Im Kreis seiner Gesinnungsgenossen sei er mehr Zuhörer und Beobachter denn aktiver Teilnehmer gewesen. Den engsten Kontakt habe er zu einer Gruppe junger Russen gehabt, die vor dem Zaren-Reich geflüchtet waren und zum Teil an der Mannheimer Ingenieursschule studierten. Mit ihnen traf er sich im Café „Salomon" zum Schachspielen.

Auch als er nach Wien weiterreiste, konnte der Schlossergeselle noch dazulernen, denn da gab es die auf Eisen- und Stahlkonstruktionen spezialisierte Firma Gridl. Der geniale Techniker Ignaz Gridl hatte 1861 in Wien-Gumpendorf eine der ersten Werkstätten Wiens gegründet, die sich auf die Ausführung von Eisen- und Stahlkonstruktionen spezialisierten, und wurde mit seiner revolutionären Bauweise ein Pionier der Branche in Österreich. Der Bau der Ringstraße brachte dem Unternehmen einen gewaltigen Aufschwung, man brauchte Glashäuser, Stiegen, Kioske, Gitter, Stiegenaufgänge, Kuppelkonstruktionen und Stahlbrücken. Die

Fima Ig. Gridl wurde zum Marktführer in der Habsburgermonarchie und war fast konkurrenzlos. Die Arbeiter, zu denen im Herbst 1912 auch für kurze Zeit der vazierende Schlossergeselle Josip Broz gehörte, waren stolz darauf, beim „k.k. Hof-Schlosser" und „k.k. Hof-Eisenkonstrukteur" Gridl zu arbeiten.

In der Familie verband sich technisches und handwerkliches Wissen mit einem ausgeprägten Unternehmergeist. 1912 verlegte das Unternehmen seinen Produktions- und Montagebetrieb in den Süden von Wien, nach Vösendorf, in das sogenannte Haidfeld. Zwei große Hallen wurden längs der Trasse der Wiener Lokalbahn errichtet und von hier war es auch nicht weit zur Südbahn. Auf rund 14.400 Quadratmetern waren 500 Arbeiter beschäftigt. Das war der Produktionsstandort, an dem der Schlossergeselle Josip Broz kurze Zeit arbeitete. Das Unternehmen blieb in Vösendorf, bis es 1934 von der Waagner-Biro Aktiengesellschaft übernommen wurde. Es war das Jahr, in dem Josip Broz den Namen Tito annahm.

Das russische Netzwerk von Wien

Jänner 1913. Ein Revolutionär legte eine Pause ein in einer Millionenstadt, die gerade im tiefsten Winter versank. Doch was war das verschneite Wien im Vergleich zu Sibirien, das er gut kannte, besser, als ihm lieb war? Der angebliche Stavros Papadopoulos, der sich seit Kurzem Stalin nannte, kam geradewegs aus Krakau, der Hauptstadt des österreichischen Kronlandes Galizien. Zur Jahreswende 1912/13 lebte hier Lenin, die galizischen Behörden ließen Revolutionäre, die gegen Russland agitierten, weitgehend unbehelligt, Ankömmlinge wurden nicht bespitzelt, ihre Briefe nicht geöffnet. Das Verhältnis zu den „Umstürzlern" aus dem Zarenreich war entspannt.

Wenn Lenin zu einer Parteikonferenz einlud, mussten die Genossen ohne Papiere versuchen, bei Nacht und Nebel die russische Grenze zu passieren, um teilzunehmen. Iossif Dschugaschwili schaffte das und harrte der Aufgaben, die man für ihn vorbereitet hatte. Es galt, die Beschaffung von Geldmitteln für die „Prawda" zu besprechen. Niemand in der Partei scheint damals einen Überblick über die Finanzen gehabt zu haben, Lenin selbst besaß kaum noch Geld und hatte keine Möglichkeit, welches zu beschaffen. Darüber hinaus galt es, für Stalin einen Platz in der revolutionären Organisation zu finden. Offenbar hatten so manche Parteigenossen bereits erkannt: Einer wie Dschugaschwili besaß nicht nur Mut und Ausdauer, sondern auch die richtige Kombination von Entscheidungsfreudigkeit und Vorsicht, Besessenheit und Zynismus, um kommende Herausforderungen zu meistern.

Lenin hatte begonnen, sich für die Nationalitätenfrage zu interessieren, und fragte den Parteigenossen aus Georgien daher nach seinen Ansichten zu diesem Thema. Iossif Dschugaschwili hatte das Nationalitätenproblem in seiner Jugend am eigenen Leib erfahren, im Völkergewebe seiner georgischen Heimat, einem wahren Völkerkundemuseum. 1801 war Georgien als Provinz ins russische Reich eingegliedert worden. Die Antwort der Kaukasier auf die Russifizierungspolitik war heftig: Es kam zu einer Serie von Aufständen, Russischlehrer in den Dörfern wurden überfallen und verprügelt, Schulen in Brand gesetzt. Seit Jahrhunderten war es der Stolz der Georgier gewesen, nicht mit den Russen ethnisch verwandt zu sein. Auf Iossifs Schulhof herrschte ein Sprachengewirr von kaukasischen Dialekten, mit seiner Mutter zu Hause sprach er Ossetisch, die Unterrichtssprache war ausschließlich Russisch. Das antirussische Klima führte zur Rebellion der Zöglinge gegenüber dem russisch geprägten Lehrkörper in dem Tifliser Priesterseminar, in dem er erzogen wurde. 1886 wurde dessen Rektor ermordet und der Täter öffentlich hingerichtet. Der Nationalitätengegensatz vermischte sich mit dem jugendlichen Auflehnungsbedürfnis.

Nicht wenige Historiker halten die Atmosphäre in den abgelegenen Regionen des Zarenreichs für eine der Ursachen von Stalins ausgeprägter Rachgier, seiner Aufsässigkeit und Skrupellosigkeit. Die Verfolgung, der die Revolutionäre ausgesetzt waren, radikalisierte sie nur noch weiter. Nach Jörg Baberowski „ergriffen die Gewaltkultur der kaukasischen Peripherie, die Blutfehde und archaische Vorstellungen von Ehre Besitz von der Partei".

Als Kaukasier kannte Stalin den brodelnden Hexenkessel sozialer und ethnischer Konflikte. Jedenfalls konnte er vor Lenin mit großer Sachkenntnis über die Lage der unterdrückten Minderheiten im Zarenreich sprechen. Lenin zeigte sich beeindruckt, zumal sie in diesem Punkt gleicher Ansicht waren, und regte an, eine erschöpfende Studie über die nationale Frage in ihrer Beziehung zum Marxismus zu schreiben. Österreich-Ungarn wäre da das ideale Studienobjekt. In einem Brief an Maxim Gorki schrieb

Lenin: „Ich gehe mit Ihnen einig, dass es Zeit ist, die nationale Frage ernsthaft in Angriff zu nehmen. Wir hatten jetzt einen wunderbaren Georgier hier bei uns, der für ‚Prosweschtschenije' (‚Aufklärung') einen langen Artikel schreibt, zu dem er alles österreichische und anderweitige Material gesammelt hat." Lenin stürzte sich zu dieser Zeit auf jeden jungen Genossen, der auf diesem oder jenem Gebiet bei der Ausarbeitung eines Parteiprogramms behilflich sein konnte. Also sollte Stalin nach Wien reisen, der Hauptstadt eines Staates, in dem das Nationalitätenproblem gerade heftig diskutiert wurde. Lenin, der schon viele Jahre im Exil verbracht hatte, instruierte ihn, er wusste Bescheid über das Leben in den westlichen Metropolen. Dann steckte er seinem Abgesandten eine Wiener Adresse in die Manteltasche und schickte ihn los.

Beim Versuch, sich in Krakau das Radfahren beizubringen, war Stalin gestürzt, er hatte ein aufgeschundenes Knie und humpelte daher ein wenig bei seiner Ankunft am Nordbahnhof. Wahrscheinlich stieg er in eine der Straßenbahnen, den 57er, den 59er oder den 60er. Er war entschlossen, den Auftrag, den ihm Lenin erteilt hatte, in wenigen Wochen zu erledigen und dann möglichst rasch wieder heimzukehren. Sich vom traditionsgemäß üppig inszenierten Wiener Fasching, den Bällen und den Kulturtempeln ablenken zu lassen, wie so viele andere russische Emigranten, kam für ihn nicht infrage. Geplant war ein Arbeitsaufenthalt, Emigrant war Stalin keiner.

Dass er nicht Deutsch konnte, schien kein Hindernis zu sein, er sollte sich eben an Gesinnungsgenossen wenden, schließlich gab es in Wien genug Russen, die ausgezeichnet Deutsch sprachen und mit denen er sich verständigen konnte. Einfach würde es für den Ankömmling dennoch nicht werden: Als Trotzki zum ersten Mal nach Wien gekommen war, erstaunte ihn am meisten, dass er trotz seiner Deutsch-Schulkenntnisse niemanden in der Stadt verstand und man ihn oft verständnislos anblickte. Das wienerische Deutsch war eben etwas Eigenes. Und erst recht war es das im Bezirk Meidling: Hier lebte Stalins Quartiergeber Alexander

Trojanowski, einer jener emigrierten Intellektuellen, die er eigentlich verachtete.

Der Aufenthalt bei Trojanowski, gab Stalin später zu, war eine Offenbarung für ihn: Es war „seine erste und letzte Bekanntschaft mit einer kultivierten europäischen Lebensweise", so Simon Sebag Montefiore in seiner Biografie. Das Haus in der Schönbrunner Schloßstraße 30 war eine Drehscheibe für bolschewistische Emigranten, Vertrauensleute der Partei. Doch im Vergleich zu den tristen Wohnverhältnissen, mit denen Hitler oder Tito in Wien zurechtkommen mussten, logierte Stalin bequem und in bürgerlichem Ambiente. „Das Stiegenhaus war bis in Mannshöhe gekachelt und reichliche Messingbeschläge bemühten sich, eine gewisse Wohlhabenheit vorzutäuschen", konnte man am 18. Dezember 1949 im KPÖ-Organ „Österreichische Volksstimme" lesen. Die Zeitung hatte mehrere Augenzeugen für den Aufenthalt Stalins in Meidling ausfindig gemacht, ehemalige Bewohner des Hauses.

Stalins Quartiergeber waren fast so etwas wie Pioniere: Alexander Antonowitsch Trojanowski und seine Ehefrau Jelena Fjodorowna Rosmirowitsch gehörten zu den ersten Bolschewiki, die Wien als Emigrationsort wählten. Beide hatten wegen ihres Untergrundkampfes Inhaftierung, Verbannung und Flucht hinter sich, beide lebten vorübergehend in Paris. Lenin schätzte sie wegen ihrer Linientreue: „Es sind feine Menschen ... alles, was wir bis jetzt wissen, spricht für sie. Sie sind auch bemittelt", schrieb er in einem Brief an Maxim Gorki. Alexander Trojanowski (1882–1955) war sogar adeliger Abstammung und Offizier in der Zarenarmee gewesen, bis ihn der Russisch-Japanische Krieg zum Marxisten machte. Ab dem Herbst 1912 lebte er in der Schönbrunner Schloßstraße 30. Eine Nachbarin beschrieb Trojanowski als hageren, glatzköpfigen Mann mit dicken Brillengläsern, als „typischen Intelligenzler". Seine Frau habe mit ihren dunklen Haaren und ihren breiten Backenknochen sehr „slawisch" gewirkt. Sie trieben Geld auf, um die marxistische Zeitschrift „Prosweschtschenije"

(„Aufklärung") zu finanzieren. Es war ebenjene Zeitschrift, in der Stalin seinen Artikel über die Nationalitätenfrage veröffentlichen sollte.

Weiter im Bericht der „Volksstimme" über Stalins Ankunft: Trojanowskis Ehefrau, Jelena Fjodorowna, hatte die Aufgabe, „dem avisierten und wohllegitimierten Genossen ein Quartier zu besorgen. Da aber der Gast zum Ausdruck brachte, dass er nur kurze Zeit in Wien zu verbleiben gedachte, wurde beschlossen, ihn gleich dazubehalten ... Sie hatte Stalin selbstverständlich nicht polizeilich angemeldet. Er bewohnte das erste der beiden Zimmer, gleich rechts vom Korridor. (Die Wohnung bestand aus zwei Zimmern und Kabinett.) In dem Zimmer stand rechts von der Tür ein Bett und beim Fenster, das auf die Straße ging, ein Tisch. Stalin arbeitete den ganzen Tag ... Wenn die Stunde der Dämmerung kam, ging Stalin mit der Familie Trojanowski in der näheren Umgebung spazieren. Damals war die Schönbrunner Schloßstraße noch fast unbebaut, ringsum dehnten sich die Schrebergärten ... Stalin erstreckte die Spaziergänge, den Wienfluss entlang, bis nach Ober-Sankt-Veit."

Wäre der Mann ein Freund von Vergnügungen gewesen, hätte er sich wohlgefühlt in Meidling, dann wäre der Wiener Vorort eine reine Freude für ihn gewesen. Meidling war für die adeligen Familien attraktiv geworden, weil sie hier in der Nähe der kaiserlichen Sommerresidenz Schloss Schönbrunn waren. „Xaire", „sei gegrüßt", stand auf einem eleganten Schlösschen in der Grünbergstraße, beim Meidlinger Tor des Schlossparks, die Wiener sprachen den Namen immer falsch aus, wenn sie sich hier verabredeten.

Doch so vornehm wie im Garten dieser Villa mit seinem „Café Schlössl" ging es in der Gegend nicht überall zu, es wimmelte von Vorstadtgasthäusern, die alle ihr Stammpublikum hatten. Am bekanntesten war das „Tivoli" am Grünen Berg mit seiner Rutschbahn. Gleich gegenüber, in der Schönbrunner Straße 307, war der nach einem Bierbrauer benannte Dreherpark. An schönen Tagen konnte man hier bis zu 20.000 vergnügungssüchtige Wiener antreffen, die sich „beim Weigl" amüsieren wollten. Ein Vergnügungsetablissement, ein Wirtshaus nach dem anderen eröffnete der Gastronom Johann Weigl, und alle wurden voll, denn hier wurde das von Dreher gebraute Schwechater Bier ausgeschenkt. Auch im Winter war in diesem „Meidlinger Prater" viel los, dann spielte im Antoniussaal die Kapelle des k. u. k. Hoch-und-Deutschmeister-Infanterieregiments, Amateurtheatergruppen traten auf, der Männergesangsverein, Varietékünstler, Ringkämpfer.

Genosse „Papadopoulos" hätte also eigentlich auftauen müssen, hätte seine Sprödigkeit und Verschlossenheit ablegen und für Stunden auch einmal die Revolution vergessen können. Es gelang jedoch nicht so recht. Das Kindermädchen der Trojanowskis, sie hieß Olga Weiland, die ihm bei Verständigungsproblemen unter die Arme griff, wurde nicht recht warm mit ihm. Sie musste ihm auch die Hemden und die Unterwäsche waschen, was ihr wenig Freude bereitete, ihre Gunst wandte sie daher dem schüchternen Nikolai Bucharin zu, der regelmäßig zu Besuch kam. Der hatte mehr Charme und Witz. Nur Galina, die temperamentvolle kleine Tochter des Hauses, spielte gerne mit dem fremden Mann und nahm ihm das Versprechen ab, ihr nach der Rückkehr „Berge aus grüner Schokolade aus dem Kaukasus" zu schicken. Vorerst verwöhnte sie der Gast mit Bonbons aus dem Schönbrunner Schlosspark. Irgendwann fragte er die Mutter: Zu wem würde das Kind gehen, wenn sie beide riefen? Bei der Probe aufs Exempel lief die Tochter zu Stalin, weil sie sich Süßes erwartete. Galina hatte eine Hauslehrerin, eine Studentin, die für den Gast Bücher besorgte und Texte aus dem Deutschen ins Russische übersetzte.

Die Wohnung der Trojanowskis spielte als Anlaufstelle im Netzwerk der nach Wien kommenden Parteifreunde eine nicht unwichtige Rolle. Das galt nicht nur für Stalin. Eine der Aufgaben des Ehepaars war auch, Trotzkis Aktivitäten in Wien im Auge zu behalten. „Vielen Dank für die Nachrichten aus Wien: sehr interessant", schrieb Lenin an die beiden, mit expliziter Bezugnahme auf Trotzki. Jedenfalls war die Meidlinger Wohnung ein deutliches Zeichen dafür, dass Wien nicht den Machenschaften Trotzkis überlassen werden sollte, sondern auch die Bolschewisten hier vertreten sein wollten. Dass die österreichischen Behörden da zuschauten, möglicherweise das Treiben sogar goutierten, ist bemerkenswert.

An der vornehmen Art seiner Gastgeber nahm Stalin keinen Anstoß, er schätzte den Adeligen bis an sein Lebensende. Das Ehepaar gehörte zu den wenigen Personen aus der Emigrantenszene, die die Zeit der Verfolgungen und des Terrors überlebten und sogar Karriere machten. Als Stalin an der Macht war, ernannte er Alexander Trojanowski zu einem der wichtigsten sowjetischen Diplomaten, 1929 zum Botschafter in Japan, 1934 in den USA. Ganz vertraute er ihm als ehemaligem Menschewiken nie, aber wem hat Stalin je vertraut? Seine Launen machten ihn rätselhaft, er schützte jemanden nach seinem Belieben oder ließ ihn fallen. Im Fall Trojanowskis vermerkte er: „Nicht antasten." „Der arme Teufel sitzt in der Patsche", schrieb der Diktator einmal, als Trojanowski wegen einer Geliebten in Schwierigkeiten war, „wir müssen ihm heraushelfen." Auch der 1919 geborene Sohn, Oleg, trat nach zwei Jahren Militärdienst in der sowjetischen Armee in den diplomatischen Dienst ein und diente mit 26 Jahren Stalin als Dolmetscher. Gutaussehend und gebildet, gehörte er zur sowjetischen Elite, Stalin mochte ihn, spielte Billard mit ihm, lud ihn zum Abendessen ein, der Hausherr persönlich legte Trojanowski die Speisen vor. Der junge Mann fühlte sich unwohl, hütete sich, heikle Fragen zu stellen oder in ein Fettnäpfchen zu treten, und hörte lächelnd zu, wenn ihm Stalin Anekdoten von seinem Aufenthalt 1913 in Wien bei seinem Vater erzählte.

Zwischen Armenquartier und Bürgersalon

Nichts stand über Trotzki in den Zeitungen während seines Aufenthalts in Wien. Erst Ende 1917 und in den 1920er-Jahren begann man sich auch für seine Wiener Zeit zu interessieren. Es ist sicherlich nicht alles in allen Details richtig, was da in den Blättern zu lesen war, aber im Großen und Ganzen halten die Berichte einer Überprüfung stand, zumal man sie mit den persönlichen Erinnerungen seiner Partnerin Natalja Sedowa vergleichen kann.

Ein Beispiel: Im Dezember 1917 erschienen im „Neuen Wiener Journal" zwei Artikel von Maria Michalowska, einer russischen Emigrantin, die es ebenfalls nach Wien verschlagen hatte: „Aus Trotzkis Wiener Jahren" und „Wie Trotzki in Wien lebte. Unbekanntes aus den Jahren des Exils" (6. bzw. 31.12.1917). Die Schreiberin ist gut informiert, man kann den Angaben, was das Privatleben ihres Helden betrifft, vertrauen. Seine politische Rolle beurteilte sie Ende Dezember 1917 mit großem Enthusiasmus: „Wer hätte damals in diesem Manne, der oft im Cafe Central sich nachdenklich über das Schachbrett beugte, den dereinstigen Minister des Äußern Russlands vermutet, den Mann, dessen Namen schon dadurch ein Platz in der Weltgeschichte gesichert ist, dass er durch tatkräftiges Handeln den von der ganzen Menschheit mit Sehnsucht erwarteten Frieden in greifbare Nähe gerückt hat."

Der Artikel erschien in der Woche, in der Trotzki und die bolschewistische Delegation zu Waffenstillstandsverhandlungen mit den Vertretern der Mittelmächte zusammentrafen.

Österreich-Ungarns Delegation wurde dabei durch Ottokar Graf Czernin von und zu Chudenitz angeführt. Ob sich die beiden in den Wiener Kaffeehäusern je über den Weg gelaufen waren? Es ist durchaus wahrscheinlich. Czernin lebte damals in Wien, war einer der wenigen Hocharistokraten, die es mit dem Thronfolger Franz Ferdinand aushielten, ab 1905 war er sein engster Berater und ab 1912 Mitglied des österreichischen Herrenhauses. Nun, 1917, saßen sie sich also gegenüber und sollten über den Frieden sprechen.

Eine Odyssee war für die Trotzkis die Suche nach einer finanzierbaren Wohnung gewesen. Paul Kutos hat 1992 in seiner Diplomarbeit die Quellenlage mithilfe der Meldezettel im Wiener Stadt- und Landesarchiv penibel aufgearbeitet. Wir erfahren: Die Familie liebte ihre erste Unterkunft, die Sommervilla in der Hüttelbergstraße 55, wo sie zwei Zimmer, Kabinett, Küche und Bad zur Verfügung hatte. Zum Erstaunen des Hausbesitzers legten die neuen Mieter keinen Wert auf Möbel, es reichte das Nötigste, der einzige Wandschmuck war eine Karte von Russland. Dafür aber stapelten sich überall Kisten mit ihren unzähligen Büchern, Schriften und Zeitungen. Zu seinem Schreibtisch im Arbeitszimmer ließ Trotzki eine Gasleitung legen: Er sei ein Nachtmensch, brauche künstliches Licht. Kaum hatte er den Mietvertrag unter Dach und Fach, ließ Trotzki seine Frau, die er mit seinem zweijährigen Sohn Lew in der Schweiz zurückgelassen hatte, nachkommen.

Natalja war beim Einzug zum zweiten Mal schwanger, sie genoss die wenigen Monate vom Oktober 1907 bis zum Mai 1908, die die Familie hier lebte. „Hütteldorf hat uns gefallen. Die Wohnung hier war besser, als wir sie sonst haben konnten, da hier die Villen gewöhnlich erst im Frühling vermietet werden, wir aber für den Herbst und Winter mieteten. Aus den Fenstern sah man Berge, alle in dunkelroter, herbstlicher Farbe. Ins Freie gelangte man durch eine kleine Tür, ohne die Straße zu berühren. Im Winter kamen sonntags auf ihren Ausflügen in die Berge die Wiener mit Schlitten und Schiern in bunten Mützen und Sweatern vorbei. Im April, als wir unsere Wohnung verlassen mussten, da die Miete verdoppelt wurde, blühten im Garten und hinter dem Garten schon die Veilchen, ihr Duft drang durch die offenen Fenster ins Zimmer. Hier wurde Serjoscha geboren." Der Frühling vor der Haustür: Vielleicht dachte Trotzki an seine Kindheit zurück, an das ukrainische Dorf nicht weit von Cherson, wo er aufgewachsen war, an die niedrige *chata*, eine mit Stroh gedeckte Holzhütte, von einem Hof umgeben, in dem im Sommer die Bäume und Blumen blühten.

Ab dem 20. März 1908 war die Familie zu viert und sie schien sich in Wien wohlzufühlen. Die beiden Söhne, Lew und Sergej, konnten in den Parks Fußball spielen, sie besuchten eine örtliche Schule, wo sie das Wienerische aufschnappten. Trotzki gefiel das nicht sehr, er wollte, dass sie Russisch und Hochdeutsch sprachen, aber sein Freund Alfred Adler bemerkte scherzend, die beiden Buben hätten bereits den Wortschatz eines „guten alten Fiakerkutschers". Die beiden machten den Eltern wenig Ärger. Dass sie sich die Sprache der Arbeiter in ihrer Umgebung aneigneten, war selbstverständlich. „Die Anpassungsfähigkeit der Kinder ist unermesslich", so der Vater, der auch bewunderte, wie Natalja die Belastungen meisterte: „Die Schwere des Lebens lastete doppelt auf meiner Frau. Aber sie fand dennoch Kraft, mir bei meiner revolutionären Arbeit zu helfen."

Auch der Winter gefiel der Familie. Zu Weihnachten schmückte man gemeinsam einen Tannenbaum, verurteilte aber die typisch kapitalistische „Schenkorgie". Schließlich waren sie überzeugte Atheisten. Zugleich erfuhren die beiden Söhne in der Schule von der Existenz der Jungfrau Maria und wenn sie mit dem, was ihnen die Eltern zu Hause sagten, herausplatzten, gab es Ärger. Sätze wie „Es gibt keinen Gott und keinen Nikolaus" waren in der christlichen Schule nicht erwünscht. Anstoß zu vermeiden war nicht gerade ein Erziehungsprinzip der Eltern. Die hatten zudem noch anderes im Kopf, als nur den häuslichen Pflichten nachzugehen. Sie wollten mit Gleichgesinnten diskutieren und hören, was in der Welt passiert. Das erfuhr man in den Kaffeehäusern Wiens.

Wenn die beiden Jungen im Bett waren, machten sich also die Eltern auf und fuhren in die Innenstadt. Gemeinsam besuchten sie auch die großen Wiener Kunstausstellungen.

Der Endzwanziger Trotzki, dem nicht wenige seiner Weggefährten Dandytum und Arroganz vorwarfen, erwies sich als vorbildlicher Ehemann und Vater, er half im Haushalt und bei der Erziehung der Kinder mit. „Zu dem Glück, ein Kämpfer für den Sozialismus zu sein, gab mir das Schicksal das Glück, ihr Mann sein zu dürfen", schrieb Trotzki 1940 in dem wenige Wochen vor seiner Ermordung abgeänderten Testament über Natalja. Und meinte damit vor allem die sieben Jahre in Wien. „In den nunmehr fast vierzig Jahren unseres gemeinsamen Lebensweges blieb sie eine unerschöpfliche Quelle der Liebe, der Großmut und der Zärtlichkeit. Sie erduldete große Leiden. Aber ich empfinde doch Erleichterung bei dem Gedanken, dass sie trotzdem Tage des Glücks genossen hat."

Als die Mietpreise wegen der schönen Jahreszeit anzogen, wurde die Unterkunft in der Hüttelbergstraße für die vierköpfige Familie unerschwinglich. Schon zuvor hatte man mit Bangen auf den Monatsersten gewartet, mehrmals holten Gerichtsvollzieher Teile des ohnehin spärlichen Mobiliars ab. Sie fanden aber wieder eine Gartenwohnung, diesmal im bürgerlichen Döbling, in der Sieveringer Straße 19, in einer Gegend, wo Firmen wie Gräf & Stift und Bensdorp ihre Betriebe hatten und wo es auch günstigere Arbeiterwohnungen gab. Hier war die Miete nicht so hoch, und dennoch erregte die Familie wieder Anstoß. Schuld war das bohemienhafte Leben des Ehepaars. Schon der erste Vermieter, Dr. Buxbaum, war befremdet darüber, dass bei diesem Ehepaar der Mann lange, die Frau aber kurze Haare trug. Noch war der Bubikopf in Wien nicht angekommen. Die gutbürgerlichen Nachbarn fanden sich schwer damit ab, dass bei den Bronsteins nachts gearbeitet und am Vormittag geschlafen wurde, dass zu den unmöglichsten Zeiten Telegramme zugestellt und Besucher empfangen wurden, dass Herr Bronstein erst nach Hause fand, wenn in der Stadt auch wirklich das letzte Kaffeehaus geschlossen hatte. Bekrittelt wurde auch, dass die Ehefrau nichts von der Hauswirtschaft verstand und es an der hierorts üblichen Reinlichkeit fehlen ließ.

Noch im Jahr 1909 Jahr flohen die „komischen Russen" vor den Spießern und landeten für ein Jahr in der Döblinger Friedlgasse 40, in einer Bassenawohnung mit Gangklosett. Das war ein Abstieg. Nun war man wirklich im proletarischen Milieu gelandet. Zeitzeugen berichteten über die Parterre-Hof-Wohnung: „Die Behausung in der Friedlgasse war wohl das Primitivste, was es gibt. Außer Kisten und Sesseln und Riesenstößen von Zeitungen und Broschüren war einfach nichts zu sehen. Die Kinder schliefen in Betten, die auf Kisten zurechtgemacht waren, während Trotzki und seine Frau den Fußboden zum Lager hatten." („Der Tag", 1. März 1925) So ging das etwa ein Jahr, dann übersiedelte die Familie in die Weinberggasse 43 und schließlich in die Rodlergasse 25/II, wo sie bis zum Ende ihres Wien-Aufenthalts lebten.

Alle Adressen waren in Döbling, im Bezirksteil „Krim", der eher von Arbeitern bewohnt wurde. Die Eintragungen im Melderegister sprechen jeweils von einem Herrn Leo Bronstein, der mal als „russischer Schriftsteller", mal als „Gutsbesitzer und Schriftsteller" aufscheint. Doch die Güter, die er besaß, bestanden fast ausschließlich aus einer umfangreichen Sammlung von Büchern. Und auch diese wanderten öfter, als es ihm lieb war, ins Pfandleihhaus. „Wir erlebten in Wien recht schwere Zeiten", schrieb Natalja in ihren Erinnerungen. „Leo Dawidowitsch musste seine Bücher verkaufen, gegen Ende jedes Monats bedrückte uns wieder die Sorge wegen des fälligen Mietzinses, die Gerichtsvollzieher brachten uns amtliche Schreiben." „Sein Haus in Wien war ein Armeleutehaus, armseliger als das Haus eines gewöhnlichen Arbeiters", schrieb ein durchreisender Genosse, „seine Kleidung war zu dürftig, als dass er in den Augen eines Wiener Kleinbürgers als respektabel hätte gelten können." Doch die Liebe des Paares schien offensichtlich groß genug, um die Probleme zu meistern.

Eigentlich war Trotzki mit seinem Gespür für eine gute Story der geborene Journalist. Er arbeitete auch von Wien aus für die legale

Presse im Russischen Reich. Er kritisierte, dass Russland im Unterschied zu Deutschland kein Bürgertum als tragende Säule der Gesellschaft hervorgebracht habe, ebenso wenig wie einen Martin Luther und die Reformation, Thomas Müntzer und die Revolution von 1848.

„Seit Oktober 1908 gab ich in Wien die russische Zeitung Prawda heraus, die für breite Arbeiterkreise bestimmt war", schreibt Trotzki in seinen Lebenserinnerungen. Er wandte für dieses Projekt viel Geld, Zeit und Energie auf. Offenbar wollte er mit der Zeitung ein Organ schaffen, das ihm weitgehend unabhängig von anderen politischen Strömungen eine breite Basis verschaffen sollte. Gegründet hatte er die Zeitung jedoch nicht. Seit 1905 existierte das von einer kleinen Menschewistengruppe in Lemberg gegründete Blatt, das bald völlig heruntergewirtschaftet war und von Trotzki zu neuem Leben erweckt werden sollte. Mit ihrer sechsten Ausgabe erschien die „Prawda" daher in Wien und blieb von der Wiener Polizeidirektion nicht unregistriert. Die Zeitung „behandelt die zeitgeschichtlichen Ereignisse in Russland auf politischem, wirtschaftlichem, kulturellem und literarischem Gebiete" und werde, „soweit hier amtsbekannt, zur Gänze nach Russland versendet". Obwohl offiziell eine österreichische Staatsbürgerin als Herausgeberin genannt werde, sei der eigentlich Verantwortliche Leo Bronstein, so der Polizeibericht.

Die Partei hatte also ein neues Organ, das von einer kleinen Gruppe brillanter Journalisten geschrieben wurde und in dem Trotzki das entscheidende Wort hatte, eine alle zwei Monate erscheinende Zeitung mit einer Auflage von 8.000 Exemplaren, die über die Grenze zwischen Galizien und der Ukraine oder über das Schwarze Meer nach Russland geschmuggelt wurde. Den Transport übernahmen andere, Trotzki kümmerte sich um das Schreiben und Redigieren, und das machte ihm Spaß, auch wenn es mühsam war. Ohne Korrespondenz mit Russland ging es nicht, und die war nur auf Schleichwegen möglich.

Er war stolz auf seine Zeitung, die man nicht mit der späteren sowjetischen „Prawda", einer Gründung Lenins, verwechseln sollte, und lieh sich überall, wo es möglich war, Geld dafür, auch bei den österreichischen Sozialdemokraten. Ob die „Arbeiter-Zeitung" die geliehenen 200 Kronen (gemäß Schuldschein vom 11. März 1909) je zurückbekommen hat, ist mehr als zweifelhaft. Von dem berühmten Schriftsteller Maxim Gorki erhielt er finanzielle Zuwendungen und die Versicherung, dass die Reaktion auf das illegale Blatt in Russland „umwerfend" sei. Die Nachfrage in Odessa und Sankt Petersburg sei groß.

Noch einen gab es, der sich damals trotz seiner labilen Gesundheit für die „Prawda" verausgabte: Adolf Abramowitsch Joffe, er wurde Trotzkis Wegbegleiter und Freund. Joffe stammte von der Krim, war jüdischer Herkunft und hatte in Berlin Medizin studiert, wo er den österreichischen Psychiater Alfred Adler kennenlernte. Wie Trotzki kannte er die russischen Gefängnisse von innen, wie er hatte er 1905 das Scheitern der Russischen Revolution hautnah miterlebt, wurde nun aber bei seiner zweiten Emigration in Berlin als „unerwünschte Person" abgewiesen und kam schließlich nach Wien, wo er 1908 seine Ausbildung als Arzt abschloss. Joffe besaß die Intelligenz eines Gelehrten und war von glühendem Idealismus beseelt.

Man findet in der Wiener „Prawda" siegessichere Sätze von Trotzki. 1909 schrieb er: „Schon heute, durch die uns umlagernden schwarzen Wolken der Reaktion hindurch, erkennen wir den siegreichen Widerschein eines neuen Oktober." Russland stand also trotz seiner ökonomischen Rückständigkeit vor einer sozialistischen Revolution? Diese Meinung hielten damals viele in der Partei für verstiegen, selbst für Lenin war die Theorie von der permanenten Revolution „absurd links". Aber Joffe teilte Trotzkis Ansichten.

Abgesehen von den politischen Positionen brachten die beiden Männer, die im selben Haus in der Döblinger Friedlgasse wohnten, auch kulturelle und wissenschaftliche Interessen zusammen. Durch Joffe, der sich bei dem berühmten Alfred Adler wegen eines schweren Nervenleidens einer psychoanalytischen Behandlung unterzog, lernte Trotzki die Schriften Sigmund Freuds kennen und nahm auch an Versammlungen der Freudianer Wiens teil. Die neue

„Ketzerlehre" erschien ihm „sehr verführerisch, obwohl auf diesem Gebiet vieles sehr schwankend und unbeständig ist und den Boden für Phantastik und Willkür öffnet", schrieb er später. „Es war eine gute Zeit für intellektuelle Aktivitäten und zum Anknüpfen von Freundschaften", erinnerte sich Natalja.

Trotzki und Joffe waren häufig zu Gast bei Alfred Adler und seiner Frau Raissa, einer revolutionär gesinnten russischen Studentin. Man diskutierte darüber, was entscheidend sei für eine erfolgreiche Revolution: sozialistische Lebensbedingungen der Arbeiter oder ein subjektives Bewusstsein? Die Erziehung eines „neuen Menschen" war ein Thema, das in austromarxistischen Kreisen gerade intensiv diskutiert wurde. Trotzkis Ansicht war klar: Zuerst mussten sich die Lebenserfahrungen ändern, dann kam die Bereitschaft zur Revolution. Mit Freud, der einer Ausdehnung der psychoanalytischen Idee auf soziale und politische Phänomene skeptisch gegenüberstand, hatte das nur mehr wenig zu tun. Trotzki und Freud haben sich auch nie getroffen, anders als Victor Adler, der immer wieder Kontakt mit Freud hatte, früher sogar die Räume im Erdgeschoß der Berggasse 19 bewohnt hatte. Auch Lenin wusste über die Psychoanalyse Bescheid und besaß einige Schriften Freuds in russischer Übersetzung.

Bei den Friedensverhandlungen von Brest-Litowsk 1917/18 saßen Trotzki und Joffe nebeneinander. Lenin hielt in der Folge Joffe wegen seiner hohen Bildung und seines tadellosen Auftretens für geeignet, Sowjetrussland als Diplomat in Deutschland, China und Japan zu vertreten. Früher noch als Trotzki sollte er erkennen, dass der Aufstieg Stalins ein Verhängnis war. Als Trotzki von Stalin verbannt wurde, nahm sich Joffe das Leben. Seine Tochter Nadeschda, die ihrem Vater ein berührendes Buch widmete, landete in den 1930er-Jahren in einem von Stalins Arbeitslagern.

Zurück nach Wien. Ein besonderes Glück für die Trotzkis wurde die Freundschaft mit Samuel Klatschko, einem russischen Revolutionär und Sohn eines Rabbiners aus Wilna, der seit 1880 in Wien lebte. „Das große Kapitel meines Wiener Lebens wäre nicht vollständig, wenn ich nicht erwähnen würde, dass die Familie des alten Emigranten S. L. Klatschko in Wien zu unseren nächsten Freunden zählte", schrieb er. Die gut situierte Familie lebte mit ihren drei Kindern in einem schönen Heim im noblen Bezirk Wieden, in der Belvederegasse 3. Die Familie Klatschko genoss das künstlerische und intellektuelle Leben Wiens, sprach vier Sprachen und jeder wurde freundlich empfangen. Trotz demonstrativ zur Schau gestellter bürgerlicher Verhältnisse mit Hausmusik und Kuraufenthalt in Baden war Klatschko seinen revolutionären Verpflichtungen treu und ein engagierter Sozialist geblieben. Natürlich war er Mitglied der Partei Victor Adlers und so das Bindeglied zwischen sozialistischen russischen Emigranten und der Sozialdemokratischen Partei Österreichs.

Die geistig-kulturelle Atmosphäre dieses Hauses hat Trotzki tief beeindruckt. In seinen Erinnerungen schreibt er: „Die Geschichte meiner zweiten Emigration ist aufs engste verflochten mit dieser Familie, die ein wahrer Herd breitester politischer und überhaupt geistiger Interessen war. Meine Kinder liebten es, die Familie Klatschko zu besuchen, wo alle, das Oberhaupt der Familie, die Hausfrau und die erwachsenen Kinder, sehr aufmerksam gegen sie waren, ihnen allerhand Interessantes zeigten und sie mit herrlichen Dingen bewirteten."

Trotzki lernte im Familienkreis eine bewundernswerte Frau kennen: Klatschkos Tochter Aline (nach ihrer Verheiratung hieß sie Furtmüller) war, geprägt durch die intellektuelle Sphäre ihres Elternhauses, der Inbegriff einer emanzipierten Frau und engagierten Sozialistin. Sie genoss eine höhere Schulbildung mit Matura am Akademischen Gymnasium, eine für ein Mädchen im Österreich von damals besondere Ausnahme. Von ihr stammt der Satz: „Ich erinnere mich gut, wie ich als Kind einmal ganz verwundert war, von einem älteren Wiener Genossen zu erfahren, dass er noch nie in seinem Leben eingesperrt war. In meiner Vorstellung gehörte das Eingesperrt-Sein geradezu zum Wesen eines anständigen Menschen. Hatte ich doch von den Helden der achtziger Jahre bis zu

Trotzki immer unerschrockene Menschen, die alles um ihrer Sache willen wagten und hergaben, als täglichen Umgang gehabt." Aline Furtmüller schaffte als eine der ersten weiblichen Absolventinnen der Universität Wien mit Auszeichnung ihren Studienabschluss und war Mittelschullehrerin am Privatgymnasium für Mädchen von Eugenie Schwarzwald. Als rote Gemeinderätin kämpfte sie für die progressiven Wiener Schulreformen.

Die meisten Freunde und Bekannten Trotzkis in Wien waren Juden, die eine breite geistes- oder naturwissenschaftliche Bildung genossen hatten. Die Juden als nationale Gruppe anzuerkennen erschien ihm abwegig. Sich mit einer Nation zu identifizieren sei für Sozialisten überhaupt verwerflich. Ethnische Identifikationsmuster seien nicht hilfreich, um die Probleme der Welt zu lösen. Trotzki, selbst jüdischer Abstammung, und einer, der in Sibirien von einem Rabbiner getraut worden war, lehnte das bekennende Judentum ab, was aber nicht hieß, dass er sich nicht gegen jüdische Diskriminierung aussprach. Dafür, dass Juden in der linken Bewegung und überhaupt im politischen Leben eine besondere Rolle spielten, hatte er eine profane Erklärung: Nicht außerordentliche Begabung sei schuld, sondern dass Juden überwiegend Stadtbewohner waren, wo die Politik einen größeren Stellenwert hatte.

Die meisten Juden, die er kannte, wollten von ihrem Jüdischsein ohnehin nichts wissen, sie empfanden und handelten wie Weltbürger, waren säkularisiert und begingen die traditionellen Feiertage oder auch nicht. Trotzki gehörte zu den Letzteren, seine Denkweise war religionsfeindlich, und das schon in seiner Jugend. Seine zweite Frau Natalja war keine Jüdin, und weder in der ersten noch in der zweiten Ehe gab er seinen Kindern jüdische Namen, für den Zionismus hatte er nichts übrig, Theodor Herzl verspottete er. Die Gründung eines von den Großmächten geduldeten Staates Israel konnte er sich einfach nicht vorstellen. Doch kann man im Fall von Trotzki auch nicht von jüdischem Selbsthass sprechen, „er war viel zu sehr von sich und seinem Leben begeistert, um sich von den Problemen wegen seiner Abstammung stören zu lassen", so sein Biograf Robert Service.

Trotzki war in Wien nicht isoliert, schrieb ständig Briefe und erinnerte seine Briefpartner in der Schweiz und in Frankreich immer wieder daran, für die vollständige Einheit der Partei zu kämpfen. Das Sektierertum, die Streitsucht schwäche die Bewegung. Nur durch ein monolithisches Proletariat könne die Machtergreifung gelingen, aber nie im Leben durch einen Tummelplatz von Fraktionen, die sich gegenseitig bekämpften. Trotzkis Erbitterung darüber, dass Lenin sich nicht um die Einheit kümmerte, war offensichtlich. Gleichzeitig erhielt er von ihm eine Subvention für seine redaktionelle und verlegerische Tätigkeit bei der „Prawda". Das war mit einer Unbill verknüpft: Er musste Lew Kamenew als Redaktionsmitglied akzeptieren, den Ehemann seiner Schwester Olga. Beide zogen nach Wien. Sollte Kamenew hier etwa als Lenins Wachhund fungieren? Zwischen den beiden entstand eine bittere Feindschaft, sodass Kamenew nach Paris weiterzog. 1936 sollte er einer der stalinistischen Säuberungen zum Opfer fallen.

Trotzki, mittlerweile dreißig Jahre alt, „besaß nicht das Naturell, um eine größere Mannschaft um sich zu scharen", schreibt Robert Service in seiner Biografie. „Der Vereiniger par excellence hatte ein Talent, potenzielle Unterstützer vor den Kopf zu stoßen – und er begriff offenbar nie, dass das ein Problem war." Es war wohl diese „ungeheure Arroganz", so Zeitgenossen, die ihn unbeliebt machte. Nur wenn er sich zusammenriss, war er imstande, selbstbeherrscht und höflich aufzutreten und als Kraft der Vernunft und des Ausgleichs gegen den Fraktionsgeist zu wirken. Das zeigte sich bei der Konferenz der Sozialdemokratischen Partei Russlands 1912 in Wien. Es war eine bunte Schar von Delegierten, die hier zusammentraf und für die Trotzki Unterkünfte organisierte. Alle waren da, nur Lenins Bolschewiki nicht. So kam auch nicht viel heraus außer vielen Lobreden über das neue Zusammengehörigkeitsgefühl. Doch kaum jemand war überzeugt, dass dem so war.

Die größten Widrigkeiten, die Trotzki in Wien erlebte, widerfuhren ihm auch 1912, und sie waren persönlicher Natur. Erschütternd war die Nachricht vom Tod seiner Mutter, zudem wurde er von

Zahnproblemen gequält. Sie waren so schlimm, dass er zeitweise nicht einmal sprechen konnte. Er lief von einem Arzt zum anderen, die Kosten stiegen, die Hilfe blieb aus. Bei einem der besten Wiener Zahnärzte brach beim Versuch, einen Weisheitszahn zu entfernen, die Bohrerspitze ab und blieb im Kieferknochen stecken. Der Mund musste von einem Chirurgen behandelt werden. Den ganzen Sommer 1912 über waren sein Vater und seine Schwester in Wien, Trotzki beschwerte sich über einen „Wasserfall von Verwandten". Seine Schwester Olga mit ihrem Sohn Alexander kam auf einen vierzehntägigen Besuch, dann kreuzte auch noch sein Vater mit der nun elfjährigen Sina auf, Leos Tochter aus der ersten Ehe. Sie sah ihrem Vater sehr ähnlich und zeigte „glühende Zuneigung" zu ihm.

Die Besuche waren schwer zu verhindern, schließlich hatte der Vater in den Monaten der ärgsten Geldnot immer etwas zugeschossen. Trotzki sah sich in seinen geregelten Arbeitsabläufen aber gestört und begann unter psychosomatischen Beschwerden, Stress und Magenproblemen zu leiden. Sein Vater dürfte ihm in dem Jahr auch eine notwendig gewordene Bruchoperation finanziert haben. Kuraufenthalt konnte er sich keinen leisten, Entspannung fand er nur in den geliebten Kaffeehäusern und im seit 1903 existierenden Donaubad Kritzendorf. Als „Riviera an der Donau" gab sich das Bad einen noblen Anstrich, wurde auch „Kritz-les-Bains" genannt. „Ich kann den glänzenden grünen Rasenstreifen unter der Mauer sehen, den klaren blauen Himmel darüber und die Sonne überall. Das Leben ist schön", schrieb Trotzki. Am 20. August 2020, anlässlich seines 80. Todestages, trafen sich seine Anhänger im Strombad Kritzendorf, „um seinem Leben und Werk mit Picknick, Baden, Spiel und Spaß", natürlich auch einem Vortrag, zu gedenken. „Also Picknickdecke und Badesachen einpacken, wir machen Sommerfrische wie Trotzki", hieß es in der Einladung.

Ein zerstrittener Haufen: Die Wiener Bolschewisten

Ist es ein Zufall, dass Stalin und Trotzki sich Anfang 1913 gerade in Wien befanden? Waren die Beziehungen zwischen den beiden Staaten, der Habsburgermonarchie und dem Zarenreich, gerade besonders brüderlich? Etwas hatten sie jedenfalls gemeinsam: Sie waren im Unterschied zu England oder Frankreich multinationale und absolutistische Großmächte, die bis in das 20. Jahrhundert hinein über ein achtunggebietend großes Territorium und eine gemeinsame Grenze verfügten. Ungetrübt waren die Beziehungen zwischen Russland und Österreich am Vorabend des Ersten Weltkriegs aber längst nicht mehr. Sie waren schon einmal besser gewesen.

Was waren die Probleme, die ungelöst im Raum schwebten? Die Heilige Allianz, die die beiden Reiche im ganzen Vormärz und bei der Niederschlagung der Revolution von 1848 verbunden hatte, war lange vorbei. An ihre Stelle war Rivalität getreten, Zankapfel war das „Wohl" der slawischen Völker, die Untertanen beider Reiche waren. Stark schwelte das Gefühl der Demütigung, das der russischen Nation nach dem Krimkrieg (1853–1856) zugefügt worden war, nicht zuletzt durch das Nichteingreifen Österreichs. Die politische Instrumentalisierung des Panslawismus als neue Form des russischen Hegemonialanspruchs wurde nun deutlicher merkbar. Die slawophile Bewegung sah Russland als Zentrum der slawischen Welt und trat vehement dafür ein, dass Russland der Protektor für alle Slawen sei, die unter fremder Herrschaft lebten.

Warum sollten die Zaren nicht eine ähnliche Rolle spielen wie Preußen für Deutschland und alle Slawen in einem Reich vereinen? Das stellte genau genommen sowohl den osmanischen wie den habsburgischen Herrschaftsverband infrage. Der Versuch, die „slawischen Brüder" auf dem Balkan vom fremden Joch zu befreien, musste zum Krieg mit den Osmanen und den Österreichern führen. Das Dilemma des Panslawismus war zudem, dass diejenigen, denen er angeblich dienen sollte, Hauptelemente seines Programms ablehnten und nicht zu einem russischen Staat gehören wollten. Die Polen etwa vermuteten hinter der panslawistischen Rhetorik rein imperiale Interessen.

Die Unterstützung eines aufrührerischen Nationalismus war für das Zarenreich somit zumindest ein zweischneidiges Schwert. Es war Vorsicht geboten. Für ein Vielvölkerreich, das Demokratie, Krieg und ethnische Konflikte fürchtete, war das eine schlechte Doktrin. Die Petersburger Politik griff daher auch erst 1914, als die Solidarität mit den Serben zum Eintritt in den Ersten Weltkrieg führte, wieder auf die panslawistische Ideologie zurück.

Zar Nikolaus II. konnte in dieser wie in so vielen anderen Fragen die öffentliche Meinung längst nicht mehr ignorieren, auch wenn das im Fall Wiens an der monarchischen Solidarität rüttelte. Doch die schien überhaupt inzwischen weniger zu zählen. Russland wurde 1891 zu einem Vertragspartner der französischen Republik. Auf einmal erklangen Zarenhymne und Marseillaise bei einem Flottenbesuch in Kronstadt unmittelbar nacheinander. Das wusste man auch 1896, als der Zar Wien besuchte. Als „russisches Gschnas" und „Moskauer Krempel" bezeichneten die Wiener die aufwendigen Dekorationen an der Ringstraße, die zu Ehren des russischen Kaiserpaares im August 1896 errichtet worden waren. Das Wetter gebärdete sich wenig sommerlich, sodass die Triumphbögen am Schwarzenbergplatz vom Sturm zerfetzt wurden. Gott sei Dank war man versichert.

Wie immer vereinigten sich bei der Bevölkerung Schau- und Spottlust. So waren Tausende auf den Beinen, um die Ankunft des russischen Herrscherpaares in der Wiener Innenstadt zu begaffen. Es gab sogar eine veritable Sensation: Beim Empfang hoher Gäste hatte Kaiserin Elisabeth in den vergangenen Jahren regelmäßig durch Abwesenheit geglänzt, jetzt aber zeigte sie sich am Nordbahnhof. „Es war dies für die Wiener ein freudiges Ereignis, da die Kaiserin trotz des kühlen Wetters keinen Schleier trug und auch den Fächer nicht benutzte, um das Gesicht gegen den Luftzug beim Fahren zu schützen, so hatte man diesmal die günstige Gelegenheit, wahrzunehmen, wie wohl und gesund die hohe Frau aussieht", schrieb die „Neue Freie Presse" am 27. August.

Besonderes Interesse in den Gesellschaftsspalten der Zeitungen fanden der „Liebreiz" und das „mädchenhaft zarte Gesicht" der Zarin Alexandra Fjodorowna. Beim Galadiner konnte man sich nicht satt sehen an der durchlauchtigsten Robe und dem Schmuck. Auch eine Militärparade auf der Schmelz durfte im Besuchsprogramm nicht fehlen. Dieser Besuch sandte also hoffnungsfrohe Signale aus, so die Analyse der politischen Hintergründe. Es war allgemein bekannt, dass die Beziehungen zwischen den beiden Ländern nicht immer unkompliziert gewesen waren. Vielleicht würde der erst 1894 inthronisierte Herrscher eine Entspannung bringen. Aber auch die Skepsis war unüberhörbar: „Nicht bloß der Hof, nicht bloß die Regierung, auch die Völker Österreich-Ungarns kommen ihm mit aufrichtiger Sympathie entgegen, weil sie in seinem Besuche eine mächtige Friedensbürgschaft erblicken. Es gibt Punkte, an denen unsere Interessen mit denen des großen Nachbarreiches mehr als einmal in Gegensatz geraten sind, und die festliche Stimmung des Tages darf uns nicht darüber täuschen, dass der Gegensatz wieder hervortreten kann", so ein wenig euphorischer Zeitungskommentar.

Der Artikel wirkt fast so, als hätte er die eklatante Verschlechterung der Beziehungen ab 1908 vorhergesehen. Sie ergab sich aus der Annexion der Provinz Bosnien und Herzegowina durch Österreich-Ungarn. Russland steckte nach dem verlorenen Krieg gegen Japan (1905) in einer ökonomischen und gesellschaftlichen Krise und schien nicht in der Lage, in Südosteuropa politisch mitspielen zu können, so die Überlegung Wiens. Doch schlagartig wurde der Ton in der russischen Presse aggressiv. Mit Sorge beobachteten Mitarbeiter der k. u. k. Gesandtschaft in Sankt Petersburg die zunehmende panslawistische Agitation. Der politische Schaden war unübersehbar. „Das schlimmste ist, dass unsere Gegner im Vorteil und in der Mehrheit sind. Die von den Serben angeschlagene nationale Note findet fast überall sympathisches Gehör und nicht zuletzt bei unserer eigenen slawischen Bevölkerung" (aus einem Brief des Presseleiters Emil Jettel von Ettenach an den österreichischen Gesandten Leopold Graf Berchtold).

Fieberhaft überlegte man in Wien Strategien einer Beeinflussung russischer Zeitungsredaktionen, um „die gröbsten Lügen und Hetzereien" hintanzuhalten. Wien bemühte sich, die Lage nicht noch mehr zu verschärfen, jegliche Provokation zu vermeiden und den Frieden zu erhalten. Diese Politik der Zurückhaltung nach der Annexionskrise brachte der Monarchie zwar keine neuen Feinde, aber sie stand nun mit keiner europäischen Macht mehr im Einklang. Die alten Optionen, zwischen deutschen, russischen und englischen Bindungen zu manövrieren, waren nicht mehr möglich. Ein Bündnis zwischen Serbien und Bulgarien (1912) unter russischer Obhut war für Österreich äußerst ungünstig. Die unruhige Lage an der Südgrenze verbesserte sich bis zum Kriegsausbruch 1914 nicht mehr, das dramatisch verschlechterte außenpolitische Verhältnis zu Russland konnte nicht mehr saniert werden. Auch nach dem Attentat von Sarajevo blieb die russische Presse der Monarchie gegenüber feindlich gesinnt. Zwar wurde der Mord selbst verurteilt, dennoch begab man sich auf die Suche nach den Gründen der Tat und fand sie in der Atmosphäre des Hasses gegen Serbien, die Wien zu verantworten habe.

Trotz der unübersehbaren Spannungen zwischen Österreich und Russland tauchte Ende des 19. Jahrhunderts eine zunehmende Zahl an Russen in Österreich-Ungarn auf, vor allem in Wien. In den russischen Staatsarchiven und Bibliotheken, so Gennadi Kagan in seinem Buch über die Sicht der Russen auf die habsburgische Doppelmonarchie, finden sich bis heute weitgehend unerschlossene offizielle, halboffizielle und private Zeugnisse, in denen die Reisenden über ihre Erfahrungen mit Österreich und den Österreichern berichten und ihre Ansichten und Auffassungen äußern. Trotz der Metropolenstellung, trotz der großen kulturellen Blüte Wiens zu Beginn des 20. Jahrhunderts war vor allem der Mythos Wiens als Walzerstadt im russischen Geistesleben verankert. Namhafte Künstler reisten aber eher nach Berlin, München oder Paris. Die Wohlhabenden fuhren zur Kur nach Baden-Baden, nach Karlsbad, an die Riviera oder in die Schweiz.

1903 kam eine junge russische Adelige nach Wien und stellte nüchtern fest: „Es hat auf mich keinen besonderen Eindruck gemacht. Ich kann über Wien nur sagen, dass es eine große, reiche und schöne Stadt ist, auf keinen Fall aber ist es sympathisch und entgegenkommend. Seine engen Straßen und seine hohen, einförmigen und dunklen Häuser machen irgendwie einen bedrückenden Eindruck und rufen ein beklemmendes Gefühl hervor." Sie besuchte auch den Prater und den Stadtpark, aber „ich betrachtete das alles recht ungerührt, da ich in meiner Seele kein Entzücken verspürte" (zitiert nach Kagan). Anderen genügte schon eine Fahrt über den Semmering, um vor Begeisterung den Atem anzuhalten, so ein Reisender namens Nesterow. Die Menschen mit ihren grünen Hüten und Federbüschen, die er auf der Zugfahrt über die Passstraße beobachten durfte, hielt er für „Tiroler".

Es war natürlich vor allem die Hautevolee des Zarenreiches, Aristokraten, Würdenträger und hohe Militärs, die dem Petersburger Hof nahestanden, aber auch Schriftsteller oder Kaufleute, die Österreich bereisten oder auf der Durchreise nach Italien, Frankreich oder der Schweiz kurz hier verweilten. Ihre Eindrücke hängen davon ab, ob hier ein russischer „Westler" reiste oder ein Slawophiler, ein treuer Anhänger des Zaren oder eben einer, der sein Regime mit terroristischen Mitteln oder ideologisch bekämpfte und demgemäß auch nicht viel von der Habsburgerherrschaft hielt. Je nachdem entstand so ein objektives oder ein von Vorurteilen geprägter Blick.

Hannes Leidinger und Verena Moritz berichten in ihrem Buch „Russisches Wien" (2004) über einen „Russischen Wegweiser durch Wien und Österreich-Ungarn" aus dem Jahr 1899. Er war gedacht für Besucher aus dem Zarenreich, die sich in der Residenzstadt zurechtfinden wollten. Klischeefrei sind die Texte nicht: Die Wiener seien passionierte Kaffeehausbesucher, hier würden sie mehr Zeit verbringen als zu Hause, heißt es, und natürlich müsse man sich hüten vor den Tricks der Kutscher. Bevor man einen Fiaker besteige, sollte der Fahrpreis ausverhandelt sein.

Unter den russischen Wien-Reisenden war auch eine erhebliche Zahl von Emigranten. Sie waren hochpolitisiert, Gegner der zaristischen Autokratie. Wer kümmerte sich um diese unruhigen Elemente, die da nach Wien strömten? So wie Lenin in Zürich konnten sie sich frei bewegen wie etwa der Medizinstudent L. A. Landau, der Kontakte zur sozialistischen Bewegung in Wien knüpfte. Sieben Jahre, von 1893 bis 1900, lebte er mit einigen Unterbrechungen in Wien bei der Familie eines Sattlermeisters, in dessen Haus politische Emigranten aus Russland ein und aus gingen.

Die Emigranten bewunderten den Mut des Parteigründers Victor Adler und der im Visier der Zensur stehenden „Arbeiter-Zeitung". Landau durfte in ihr sogar einige reportagehafte Skizzen aus dem Studentenalltag veröffentlichen. Die Zeitung, erinnerte er sich, „wurde erheblich von der Zensur bedrängt, aber nichtsdestoweniger wurde sie ihrer recht gemäßigten und sachlichen Sprache wegen mit Interesse gelesen und lieferte hinreichende Informationen über die sich ausweitende Organisation". Landau meinte, dass dadurch auch in bürgerlichen Kreisen Sympathien gewonnen werden konnten, zumal es in den 1880er-Jahren in Wien zu einigen verstörenden anarchistisch-terroristischen Exzessen gekommen war. „Es brannte in den Wiener Vororten, Holzvorräte, Wälder und hölzerne Bauten gingen in Flammen auf. Die Bevölkerung lebte verstört von einem Tag zum anderen." Der Anarchist Heinrich

Stellmacher wurde im Zusammenhang mit diesen Vorkommnissen hingerichtet.

So war man in den Kreisen der russischen Linken in Wien zur Ansicht gekommen, dass die unfanatische Beharrlichkeit von Adlers Arbeiterpartei der einzige effektive und nahezu unblutige Weg war zum Sieg der arbeitenden Klasse. Doch von einer sozialistischen Parlamentsfraktion zu träumen war noch verfrüht. Landau wurde übrigens, als er sich 1885 in Russland aufhielt, von der dortigen Polizei des Umgangs mit Revolutionären bezichtigt und verhaftet. Er wandte sich an einen Wiener Anwalt, der der sozialistischen Partei nahestand, um Hilfe, doch die Antwort war ernüchternd: „Ihre Angelegenheit ist hoffnungslos, wir werden von den russischen Behörden nichts bekommen, weder eine Antwort noch einen Gruß."

Wovon lebten eigentlich all die Revolutionäre? Womit zahlten sie Druck und Transport der Zeitungen, Reisekosten für Konferenzbesuche, den täglichen Lebensunterhalt? Bei der Suche nach einer exakten Buchführung wird man scheitern. Zahlte Lenin etwa Gehälter? Sparten sich die Genossen die Groschen vom Mund ab? Die einzelnen Berufsrevolutionäre lebten jedenfalls ständig in Sorge um das Nötigste, ihre Quartiere waren spartanischer Natur. Viele benutzten nie die öffentlichen Verkehrsmittel, sondern gingen zu Fuß oder fuhren mit dem Fahrrad. Äußerste Beschränkung der persönlichen Bedürfnisse war unabdingbar. Nachweisbar sind beträchtliche Unterstützungen von den deutschen und im kleineren Maßstab von den österreichischen Sozialdemokraten. Doch mit Spenden kann man keine Revolution finanzieren. Also ging man dunkle Wege. Gab es geheime Geldströme aus kriminellen Aktivitäten im Zarenreich wie Stalins legendären Postraub, mit denen die Parteiaktivitäten finanziert wurden? „Man kann die Revolution nicht mit Handschuhen und manikürten Fingernägeln machen", kommentierte Lenin.

In der europäischen Linken beobachtete man das terroristische Treiben zur Geldbeschaffung mit Missbilligung. Wie weit solche Unternehmungen mit Wissen oder Zustimmung Lenins geschahen, ist nicht feststellbar. Doch es gab zahlreiche kritische Stimmen: „Wenn solche Affären wahr sein sollten, wie kann man dann noch mit den Bolschewiken in der gleichen Partei bleiben?", hieß es. Lenin selbst wurde von seiner Mutter unterstützt und lebte völlig anspruchslos in äußerst bescheidenen Verhältnissen. Georgi Plechanow in Genf war angewiesen auf das Einkommen seiner Frau, einer Ärztin, Pawel Axelrod betrieb in Zürich einen Joghurt-Handel. Viele andere kamen aus jüdischen Kaufmannsfamilien, die oft recht vermögend waren. Sehr selten fanden sich wohlhabende Industrielle oder Aristokraten, die heimlich ihr Scherflein in den Opferstock der Revolution warfen. Der russische Textilmagnat Paul Morosow zählte zu den reichsten Freunden der Partei.

So konnte Lenin seinen Berufsrevolutionären wenigstens sporadisch Gehälter zahlen. Er selbst schrieb gegen Honorar Artikel für Zeitungen und Zeitschriften (für illegale Schriften bekam er ja kein Geld). So hatte er ein zwar geringes, in günstigen Zeiten aber einigermaßen geregeltes Einkommen und unterstützte damit Genossen, die große Not litten. „Dass die Zeitung, für die ich geschrieben habe, ihr Erscheinen einstellen musste, bringt mich in eine sehr kritische Lage", schrieb er am 26. Juli 1913 in einem Bettelbrief an seine Mutter.

Auch Trotzki hielt sich mit journalistischen Arbeiten über Wasser und war ansonsten ständiger Besucher in Pfandleihanstalten. Er war einer der Promis in jener Wiener „Russenkolonie", die in den Vorkriegsjahren nicht zu übersehen war. Nach Angaben der lokalen Behörden waren es Ende 1911 5.324 Personen, russische Staatsangehörige, die meist vorübergehend dem Romanow-Imperium den Rücken gekehrt hatten. Man kann davon ausgehen, dass diese Zahl zu niedrig angesetzt war und es tatsächlich viel mehr waren. „Beinahe die gesamte russische Intelligenz, soweit sie im Ausland studiert hatte, zählte zum politischen ‚Verbrechertum'" („Neues Wiener Journal" vom 31. Jänner 1925). Natürlich verlangten russische Gerichte immer wieder Auslieferungen. Ihnen wurde aber nur stattgegeben, wenn es sich nicht um politische Delikte handelte. Also in keinem Fall. So genossen die Emigranten stillschweigend Asylrecht.

Zu einem beträchtlichen Teil gehörten sie zur roten Elite, die nach der Machtergreifung in Russland dorthin zurückkehren und Karriere machen sollte, oft im diplomatischen Dienst wie Stalins Quartiergeber Alexander Trojanowski, der Botschafter der UdSSR in Japan und den USA wurde, oder Viktor Kopp, der als Sowjetvertreter in Schweden landete. Nicht zu vergessen Adolf Joffe, Lenins rühriger Diplomat in Deutschland, Großbritannien, China und Japan. Vom Dezember 1924 bis zum Juni 1925 kehrte er nach Wien zurück, als Gesandter Moskaus.

Nicht alle Wiener Exilanten aber waren treue Gefolgsleute Lenins. Von einer einheitlichen ideologischen Linie konnte bei dem bunten Haufen, der sich in Wien aufhielt, keine Rede sein. Lenins Anhänger wurden als „Spalter" beschimpft, seine Gegner als „Versöhnler ohne Massenbasis" diskreditiert, als Illusionisten, die an eine bürgerliche Revolution in Russland glaubten. Man stritt heftig bei den Zusammentreffen und zeigte sich unversöhnlich bei Meinungsverschiedenheiten über den richtigen Weg im Kampf gegen den Zarismus. Hielt Trotzki einen Vortrag, saß Nikolai Bucharin in den ersten Reihen und legte heftigen Widerspruch ein, bis die Versammlung zu platzen drohte. Manche sprachen von „hooliganischen Verhältnissen". Provokateure legten es darauf an, Versammlungen zu sprengen. Es war pure Selbstzerfleischung, herbeigeführt durch eine Mischung von „internen Machtkämpfen, taktischem Geplänkel und ideologischen Differenzen" (Hannes Leidinger).

Das spiegelte die innere Zerrissenheit der Sozialdemokratischen Partei Russlands (SDAPR) wider. Wien war weit entfernt vom Geschehen, doch selbst hier war erkenntlich: Die Einheit war nicht mehr zu retten, spätestens seit 1912 nicht mehr. Als auch Lenin für die Parteimisere verantwortlich gemacht wurde, war klar, dass die Spaltung die Partei bedrohte. Trotzki scheiterte mit seinem Versöhnungskongress Anfang September 1912 so gründlich, dass er eine Zeit lang die politische Bühne verließ und als Korrespondent eines Kiewer Magazins auf dem Balkan arbeitete.

Die Wiener Emigrantenszene verlor so jede politische Bedeutung. Die Streitlust kam der zaristischen Geheimpolizei gerade recht. Denn ihre Aktivitäten kannten keine staatlichen Grenzen. Österreich-Ungarn, das „morsche Völkergefängnis", war bevorzugtes Operationsgebiet der russischen Geheimdienstler, sie infiltrierten die k. u. k. Zentralbehörden, bestochen Kanzleidiener, um brisante Militärakten zu entwenden. Doch die k. u. k. Agenten, die „Kundschaftler", ließen das nicht auf sich beruhen und erweiterten ihrerseits ihren „Beobachtungsraum" über die Grenzen der Monarchie hinaus.

Nach dem Ersten Weltkrieg wurde die Zahl der russischen Flüchtlinge in Wien auf 5.000 bis 10.000 geschätzt, in den 1930er-Jahren waren es dann nur mehr rund 1.000 Personen. „Das Neue Wiener Journal" widmete am 9. November 1924 dem „Häuflein bedauernswerter Menschen, den noch in Wien befindlichen russischen Revolutionsflüchtlingen, Opfer des bolschewistischen Regimes", eine ausführliche Reportage. Sie hatten sich den heimkehrenden österreichisch-ungarischen Kriegsgefangenen angeschlossen, von ihnen falsche Papiere mit ungarischer Identität erhalten. So konnten sie sich durch die russische Grenze schmuggeln und waren nun nach einem zweijährigen Aufenthalt in Ungarn in einem von Ratten und Flöhen frequentierten Wohnungsloch in Wien gelandet. „Dies sind die unbeachteten Affären der Weltgeschichte, von niemandem aufgezeichnet und doch bedeutungsvoll genug, um das Leben zahlreicher Menschen zu vernichten oder ihr Glück zu zerstören", lautete der Schlusssatz der Reportage.

Bühne und Wohnzimmer: Das Kaffeehaus

Im Jahr 1911 erschien in Moskau ein Reiseführer, der sich mit der Mentalität der Wiener beschäftigte. „Natürlich gibt es überall Cafés und in diesen Cafés Tische, Stühle und Zeitungen. Sie werden in Berlin und in Paris Cafés antreffen, die reicher ausgestattet sind als in Wien und über eine größere Anzahl an Zeitungen verfügen. Aber nirgends werden Sie die Atmosphäre eines Wiener Cafés vorfinden, das sich zu einem Lese-Salon gewandelt hat. Überall geht man in ein Café, um dort ein bisschen zu weilen, in Wien kommt man, um zu verweilen; man überschreitet die Schwelle des Cafés und lässt alle Sorgen hinter sich zurück, um sich nur der Beschaulichkeit zu überlassen, dem Nachsinnen, dem Beobachten, dem Gespräch, dem Betrachten von illustrierten Zeitschriften, leichter oder ernsthafterer Lektüre. ... Und der Kellner wird, nachdem er die Tasse Kaffee gebracht und einen Berg Zeitungen ausgebreitet hat, die Ruhe des Gastes nicht mehr stören, wohl wissend, dass dieser gekommen ist, um hier eine, zwei oder drei Stunden zu verweilen."

Das hatte sich seit dem Beginn des 18. Jahrhunderts nicht geändert, als Johann Rautenstrauch eine der ersten Charakterisierungen des Wiener Kaffeehauses schrieb, und schon damals spielten die Zeitungen eine wichtige Rolle: „Endlich naht sich die Stunde, wo gewöhnlich der Briefträger die neuen Zeitungen bringt. Ein Heißhungriger, der mehrere Tage keinen Bissen zu essen hatte, kann nicht gieriger nach einer ihm dargebotenen Speise langen, als die Herren hier nach den Zeitungsblättern." Danach folgte üblicherweise das Räsonieren über das Gelesene, was den hohen Behörden unangenehm auffiel. Die Kaffeesieder wurden aufgefordert, nötigenfalls allzu freimütige Diskutanten anzuzeigen. Ausländische Durchreisende konnten sich nur wundern über diesen Kaffeehauskult: „Man darf zu allen Zeiten des Tages in die Kaffeehäuser und im Sommer in die Kaffeegärten gehen, so findet man beständig eine Menge Menschen, die sich mit nichts beschäftigen", so der Berliner Buchhändler Friedrich Nicolai 1781.

Das Kaffeehaus als halb privater, halb öffentlicher Raum galt also schon in der Zeit der Aufklärung als das ideale Ambiente für politische und weltanschauliche Diskurse. Druckerzeugnisse zu überwachen war für die Zensur leichter als das gesprochene Wort in diesen Lese- und Debattierräumen. 130 Jahre später hatte sich nichts an den Verhältnissen geändert. Hier konnten sich Künstler und Beamte genauso wie Gelehrte und Offiziere wohlfühlen, Freundschaften schließen und Feindschaften austragen. „Das Kaffeehaus ist sozusagen eine Wohnung, die man nicht haben muss, wenn man das Kaffeehaus hat", schrieb Egon Erwin Kisch. Das war angesichts der prekären Wohnverhältnisse, in denen die Emigrantenszene Wiens leben musste, durchaus zutreffend.

Um die Jahrhundertwende war die Einrichtung der Kaffeehäuser komfortabler geworden. Im überladenen Stil der Gründerzeitsalons hatten auch hier Pomp und Dekor Einzug gehalten mit monumentalen Wandgemälden, gusseisernem Zierrat, dicken Teppichen, üppigen Kronleuchtern und mehr oder weniger geschmackvollen Gipsfiguren vor den Säulen. Allmählich nur sickerten Vertreter des weiblichen Geschlechts in die Räumlichkeiten. Misogynen Zigarrenrauchern gefiel dieser Angriff auf die Männerbastion nicht. So wurden die Damen in eigene Salons und mit Palmen geschmückte Wintergärten verfrachtet.

Neu waren die speziellen Merkmale des Literatencafés. Die Gäste hatten ihre bevorzugten Stammplätze und die Hierarchie der Kaffeehaustische war unübersehbar. Zwischen ihnen spann sich das Netz der Intrigen und Bosheiten, öffnete sich die Bühne der eitlen Selbstdarsteller. Der Kaffeegenuss war nur eine anregende Beigabe. Kritiker schrieben hier ihre Verrisse, Autoren erledigten ihre Post, verhandelten mit dem Verleger ihr Honorar oder diskutierten mit dem Burgtheaterdramaturgen Änderungen an ihren Stücken, ganze Romane entstanden in der anregenden Atmosphäre, dem „Stimmengewirr, gemischt aus Lethargie und Aufregung" (Franz Werfel).

Mit bemerkenswerter Konzentrationskraft durchackerten die, die sich nicht durch die Gespräche an den Nachbartischen stören ließen, die in- und ausländischen Zeitungen und ärgerten sich darüber, dass sie in den Spalten der Feuilletons nicht vorkamen. Oder sie schnorrten wie der stets geldklamme Peter Altenberg ihre Gesprächspartner um Geld an und versprachen gegen einen Vorschuss die wunderbarsten Feuilletons, die dann nicht immer abgeliefert wurden. Anton Kuh war bekannt dafür, Redakteuren mit geistreichem Geplauder Honorare für noch nicht geschriebene Essays oder Glossen herauszulocken. Der Ruf „Herr Ober, bitte zahlen" erlebte dann zu später Stunde eine Variation: „Herr Ober, bitte aufschreiben!"

Literaturgeschichten erzählen von den tiefsinnigen geistigen Gesprächen und Literaturdebatten, die hier ausgetragen wurden, wenig aber über die privaten Details und das Allzumenschliche. War nicht das kürzlich erschienene Werk des einen von der neidischen Konkurrenz heruntergekritisiert worden? Wie unsäglich einfältig doch die Erzählungen des Gegenübers wieder ausgefallen waren! Hatte der Mann überhaupt keine Selbstkritik? So muss der Erfolglose heucheln, der Erfolgreiche kann nur schwer seine Herablassung verbergen. Die ganz Berühmten halten Hof, die Schar der Bewunderer nähert sich ihnen nur mit Ehrfurcht, sie sonnen sich in ein paar Sekunden Aufmerksamkeit, träumen davon, es zum Kritiker in der „Neuen Freien Presse" zu bringen und es den Hochmütigen, die sie nicht eines Blickes würdigen, heimzuzahlen. An manchen Tischen drängen sich die Gäste geradezu, sie scheinen zusammenzugehören, spielen Schach oder Tarock oder plaudern, zusätzlich wird von Tisch zu Tisch kommuniziert, während andere Winkel des Raumes wieder eine „nomadenhafte Häuslichkeit" (Karl Kraus) aufweisen.

In den gehobenen Kaffeehäusern hielt man alle wichtigen lokalen Provinzblätter und ausländische Zeitungen bereit, auch Zeitschriften über Kunst, Literatur, Sport, sogar Meyers großes Universallexikon als Hilfsquelle für ernsthafte Lektüre. Man hatte als Stammgast seinen festen Tisch und seine fixen Partner für das Karten- und Schachspiel, seine Tischrunden für das Besprechen der politischen Neuigkeiten. Je nach Gusto und Geldbörse hatte man auch sein Stammcafé. Für Trotzki wurde es das Café Central in der Herrengasse, der legendenumwobene Treffpunkt der Wiener Intellektuellen. Es war 1876 von den Brüdern Pach gegründet und zur Jahrhundertwende infolge seiner günstigen Lage der Sammelpunkt der Wiener Gesellschaft geworden, der Treffpunkt der Wiener Geburts- und Finanzaristokratie genauso wie der Gelehrten- und Künstlerwelt, der hohen Beamten, der Politiker, Journalisten und Geschäftsleute. Und der Schauspieler, solchen des Theaters und solchen des Lebens.

Fast siebzig Jahre lang war das Central der Inbegriff der gehobenen Wiener Kaffeehauskultur. Nirgendwo war die geistige Elite zuverlässiger anzutreffen als hier. Julius Deutsch, während Trotzkis Wiener Zeit Parteisekretär der Sozialdemokraten, schrieb: „Betrat man das Kaffeehaus, dann blickte man durch eine langgestreckte Flucht kleiner, verrauchter Säle. In jedem Winkel saßen Gruppen in eifrigem Gespräch. In dieses Kaffeehaus kam so ziemlich alles, was Rang und Ansehen hatte oder zu haben suchte. Hier trafen sich Schriftsteller und Journalisten, hier verhandelten Politiker aller Parteien, hier fochten die gerade in Mode kommenden Psycho-Analytiker ihre Fehden untereinander aus."

Allein schon das Gebäude war faszinierend. Es hob sich stark ab vom Stil der Gründerzeithäuser und war eines der spektakulärsten, auch kostspieligsten Bauprojekte der Ringstraßenzeit. Ein junges

Genie, der erst 27-jährige Architekt Heinrich Ferstel, hatte sich 1860 für das neue Bank- und Börsengebäude samt Geschäftspassage in der Herrengasse 14 von der venezianisch-florentinischen Trecento-Architektur inspirieren lassen. Er fügte gotische und maurische Stilformen hinzu und schuf ein Ensemble, in dessen zwölfeckigem Zentralraum und einer dreischiffigen Säulenhalle auch ein Kaffeehaus Platz fand. Von 1878 bis 1918 nutzte die Österreich-Ungarische Bank das Gebäude.

Der Eingang war wie heute an der Ecke Herrengasse/Strauchgasse. Helga Malmberg, eine langjährige Freundin von Peter Altenberg, beschrieb das in ihren Erinnerungen so: „Schon die Baulichkeiten waren originell. Man trat zuerst in einen düsteren Vorsaal mit tiefen Fensternischen. Hier herrschte stets eine kühle Dämmerung, die ideale Beleuchtung für Stubenhocker und Eigenbrötler. Dann ging man durch einen schmalen Gang und gelangte in eine Art Hof mit Oberlicht, zu dem eine kleine Stiege mit breiten Stufen hinaufführte. Der große Saal war eigentlich ein Gewölbe ohne Decke. Der Rauch verteilte sich daher bis unter das hohe Glasdach. Im Gegensatz zum Vorraum war dieser Saal sehr hell und luftig. Hier waren die Stammtische der einzelnen Künstler, die absolut tabu waren, die Insel der Schachspieler, die Oase der Domino-Liebhaber, die Ecke, wo man Billard spielte." Wenn im Frühjahr ein Nebeneingang zur Straße hin zur Durchlüftung geöffnet wurde, war das ein Zeichen, dass die warme Jahreszeit begonnen hatte. Nur für den Fall, dass die Dauergäste es ansonsten nicht bemerkten.

„Der Gast mag vielleicht das Lokal gar nicht und mag die Menschen nicht, die es lärmend besiedeln, aber sein Nervensystem fordert gebieterisch das tägliche Quantum Centralin", schrieb Alfred Polgar, Kaffeehausliterat von höchstem Authentizitätsgrad, in seiner „Theorie des Café Central". Er gehörte neben Peter Altenberg und Anton Kuh gleichsam zum Dreigestirn des Lokals. Regelmäßig tagte hier auch am „Sozialisten-Stammtisch" der rote Zirkel rund um Victor Adler, Otto Bauer und Karl Renner. Hier und am

Schachtisch wurde Trotzki freundlich empfangen, solange er in Wien lebte, war er ein gern gesehener Stammgast. „Gegenüber Diskussionsgewaltigen wie Trotzki oder Otto Bauer oder Max Adler konnte ich da nicht bestehen", erinnerte sich einer aus dem Parteizirkel, Julius Deutsch. Auch Trotzkis Nervensystem verlangte also gebieterisch das tägliche Quantum Centralin. Selbst wenn er sich in seinen Erinnerungen gerne abfällig über das alte und eitle kaiserliche Wien äußerte: Mit der Wiener Kaffeehauskultur kam er wunderbar zurecht. So ging er auch in den Legendenschatz um das Café ein, das er mit Z („Zentral") schrieb: Als die Nachricht von der Russischen Revolution nach Wien gelangte, soll der Oberkellner Czerny lachend ausgerufen haben: „Der Rädelsführer ist vielleicht der Herr Bronstein aus dem Schachzimmer!"

Der ungläubig-spottende Ausruf war als Anekdote so gut, dass sie in den verschiedensten Versionen auftauchte, bei Autoren wie Milo Dor, Hilde Spiel, Friedrich Torberg und Claudio Magris. Bruno Kreisky erzählte in seinen Memoiren („Zwischen den Zeilen") folgende Version, die ihm sein Vater, ebenfalls Stammgast im Café Central, erzählt habe: „Höhere Beamte haben hier ihren Kaffee getrunken, Schach gespielt und politisiert. Zwei dieser hohen Herren haben sich beim Aufstellen der Schachfiguren über die Lage in der Welt unterhalten. Sie gefalle ihm gar nicht, meinte der eine sehr pessimistisch; das werde alles in einer Revolution in Rußland enden. Der andere meinte darauf: ‚No, sag mir einmal, wer soll denn dort eigentlich Revolution machen, vielleicht der Herr Bronstein da drüben?'" Und Kreisky resümiert: „Revolutionen werden oft von denen gemacht, denen man es am wenigsten zutraut." Auch Lenin wurde ja bis 1917 so gesehen: als „der Kaffeehausverschwörer, der Russe mit den großen Theorien und dem kleinen Anhang".

Die Geschichte kennt etliche Beispiele dafür, was vermeintlich marginale Gruppierungen bewirken können, wenn sie aufgrund ihrer scheinbaren Bedeutungslosigkeit und programmatischen Abseitigkeit nicht hinreichend ernst genommen werden. Als Adolf

Hitler im November 1923 in München mit einem dilettantisch ausgeführten Putschversuch kläglich scheiterte, wurde er von den meisten Zeitgenossen als „Hanswurst" und „Bierkellergroßmaul" geschmäht, der nun endgültig ausgespielt habe. Seine NSDAP war zu der Zeit eine kleine, obskure Sekte, deren ideologischer Irrsinn selbst eingefleischten Demokratiegegnern der äußersten Rechten suspekt war. In Italien begann Benito Mussolini seinen blitzartigen Aufstieg an die Macht als politisch entwurzelter Einzelgänger. Doch als er sich an die Spitze eines Haufens ehemaliger, verbitterter Frontkämpfer stellte, die voller Hass waren und sich in der Friedenszeit nicht zurechtfanden, gab er ihnen eine Ideologie und putschte sich an die Macht. So waren auch die Bolschewiki zur Zeit der Februarrevolution eine relativ unbedeutende Randgruppe. Es war nicht abwegig, das, was Trotzki in seinem Wiener Stammcafé da von sich gab, als Fantasien eines politisierenden Bohemiens abzutun.

Der Bekanntenkreis des geselligen Trotzki beschränkte sich also, anders als beim introvertierten Stalin, ganz und gar nicht auf die russische Migrantenszene. Von den Wien-Aufenthalten Stalins oder Bucharins nahmen nur wenige Notiz, anders bei Trotzki: Er wurde wegen seiner vielen Kontakte und seiner weitgefächerten kulturellen Interessen als Bestandteil der Wiener Journalistenboheme gesehen, die das Kaffeehaus als ihr zweites Wohnzimmer betrachtete. Seine Gesprächspartner im Kaffeehaus machten ihn, so sein Biograf Harry Wilde, „zum Wiener, wenn man will als Beweis seiner kosmopolitischen Grundhaltung. Hier, im Schmelztiegel der rund ein Dutzend Völkerschaften dieses Reiches, eignete er sich jene universelle Bildung an, die der völlig einseitig geprägte Lenin nie erreichte und wie sie unter russischen Emigranten, selbst wenn sie schon länger als ein Jahrzehnt im Ausland lebten, äußerst selten war."

„Ich hätte es bis zur Oktoberrevolution niemals für möglich gehalten, dass ein Mann wie Trotzki imstande sein würde, irgendetwas zu organisieren oder zu leiten", schrieb der belgische

Sozialpsychologe Hendrik de Man in „Gegen den Strom. Memoiren eines europäischen Sozialismus". „Er verkörperte für mich den Intellektuellen in Reinkultur, der halbe Tage mit Lesen und Schreiben und halbe Nächte beim Samowar oder im Literatencafé mit Diskutieren verbringt. Er sah aus wie ein bohèmehafter Klaviervirtuose und hatte auch die unbeherrschte Nervosität, die zu einem gewissen Künstlertyp gehört. Als man ihn später als Organisator der Roten Armee feierte, hielt ich das für einen propagandistischen Bluff. Zuletzt musste ich dann doch einsehen, dass man die Menschen in der Revolution nicht nach dem beurteilen soll, was sie im vorrevolutionären Exil waren."

Engere persönliche Kontakte mit Schriftstellern der Wiener Szene sind nicht nachweisbar, Trotzki wurde vornehmlich als passionierter Schachspieler geschildert. Hermann Bahr, Hugo von Hofmannsthal oder Arthur Schnitzler werden namentlich in Trotzkis Texten nicht erwähnt, dabei waren sie, die Vertreter des „Jungen Wien", nach der Schließung des Café Griensteidl (1897) ins Central abgewandert. Das führte wiederum zum Exodus von Karl Kraus, der mit den „Jung-Wienern" verfeindet war. Auch er wird bei Trotzki nicht erwähnt, obwohl er als Polemiker in den Gesprächen omnipräsent war. Julijana Ranc vermutet als Grund, dass Trotzki vor allem für ein russisches Publikum schrieb, das die Wiener Literatenszene weit weniger kannte als etwa jene Münchens oder Berlins.

Trotzkis Interessenskreis begann sich enorm auszuweiten, plötzlich widmete er sich auch der Literatur und Malerei, er schrieb als Korrespondent von Zeitungen über den Münchener „Simplicissimus", über die Karikaturen von Th. Th. Heine und über Frank Wedekind. Es zeigte sich: Trotzki war nie vorher und nie nachher so empfänglich für Kultur wie während seiner Wiener Jahre. Über die Secessions-Ausstellung von 1909 schrieb er: „In diesen Sälen, in denen vor nicht gar so langer Zeit russische Maler Gemälde ausgestellt hatten, die nur sehr wenig Russisches an sich hatten, veranstalten jetzt die Österreicher die Jahresschau ihrer Malerei und

Plastik, die nur sehr wenig Österreichisches an sich haben." Besonders beeindruckt zeigte er sich von Albin Egger-Lienz, deutlich weniger von dem Gebäude der Secession selbst: Es sei ein „reichlich sinnloser, verschnörkelt-simplifizierter Steinwürfel mit einem kleinen, grünen Fes darüber".

Auch die Berichte über die Jubiläumsausstellung des Künstlerhauses von 1911 und die Frühlingsausstellung 1913 in der Wiener Secession zeugen von kunsthistorischem Wissen. Ein „Hauch von Fin de Siècle" umwehte ihn, so der Kulturwissenschaftler Konstantin Akinsha. Ende 1908 schrieb Trotzki einen Text über die Stimmung im Café Central in einer Silvesternacht. „Einige Abgeordnete spielen an einem langen Tisch Tarock. Niemand, der diese Leute sieht, würde glauben, dass auf ihren Schultern die Bürde des Staatsgebäudes lastet. Sie spielen jeden Abend Karten und sehen im Herannahen eines neuen Jahres keinen Anlass, die eingeführte Ordnung zu stören."

Der Berufsrevolutionär und Intellektuelle par excellence war trotz weitem Horizont freilich eher Bohemien als Gelehrter. In seinen Erinnerungen beschrieb er seine literarischen Interessen als maßgeblichen Teil seines Lebens. Er hat Unmengen gelesen und Unmengen geschrieben, verfasste insgesamt mehr als 150 literaturkritische Essays für Zeitschriften, über Nietzsche und Gogol, Hauptmann und Ibsen, Wedekind und Tolstoi. „Zur Erholung las ich die Klassiker der europäischen Literatur. Ich lag auf der Pritsche und verschlang die Werke mit einem solchen physischen Lustgefühl, wie Gourmets einen feinen Wein schlürfen oder an einer duftenden Zigarre ziehen. Das waren die schönsten Stunden." Er konnte hinreichend Französisch, um die neuesten Romane im Original lesen zu können. Bei den westeuropäischen sozialdemokratischen Blättern war er zudem ein gefragter Autor, zu ihnen gehörten „Die Neue Zeit", „Vorwärts", „Le Peuple", die „Arbeiter-Zeitung" und „Der Kampf".

Es ging ihm, wie am Beispiel der Malerei des Impressionismus, nicht um Billigen oder Verwerfen einer Kunstströmung, sondern vor allem um das Erklären. Den Wandel von Kunstformen deutete er immer als Ergebnis von Änderungen in der Gesellschaft. Bei aller Sympathie für den antibürgerlichen Widerspruchsgeist der Bohemiens ist er für Trotzki doch nur Attitüde und hat nichts gemein mit politischem Revolutionarismus. Wenn einer aus der Künstlerboheme „mit zusammengebissenen Zähnen die bürgerliche Gesellschaft verflucht, so ist das sein Recht. Aber seine Verwünschungen interessieren niemanden." Dieses Maß an Verachtung würde die bürgerliche Gesellschaft ihren Künstlern, Schriftstellern und Schauspielern gerne zugestehen.

Die berühmten Satiriker des „Simplicissimus" würden als unbestechliche, moralische Instanzen überhöht, seien aber als Kritiker der Obrigkeit unglaubwürdig. „Die Reklame nimmt fast die Hälfte jeder Ausgabe ein. Man findet sie nicht nur im Anzeigenteil; sie ist auch in den Textspalten eingestreut und streckt ihre Fühler auch in die Illustrationen aus", schreibt er 1908. Eine derartige Anpassung an die Marktgesetze würde jeder gesellschaftskritischen Satire den Stachel nehmen. So bleibe am Ende trotz der zur Schau gestellten Opposition gegen den imperialistischen Machtstaat „eine von Bürgerlichen für die bürgerliche Leserschaft konzipierte Zeitschrift, wie auch die vielen Ärzte und Juristen unter den Mitarbeitern zeigen". Wie sehr Trotzki recht hatte, zeigte der nahtlose Übergang der Zeitschrift zur „Verteidigung des Vaterlandes" im Jahr 1914.

In Wien feierte 1912 die Gesellschaft der Musikfreunde gerade ihren 100. Geburtstag. Hat Trotzki je ein Konzert im Musikverein besucht? Es ist kaum anzunehmen. Aber die Aufregung um die modernen Strömungen der Zeit im konservativen Kulturleben der Stadt wird ihm nicht entgangen sein. Der Sankt Petersburger Sergei Djagilew trug maßgeblich dazu bei, die russische Kunst der Jahrhundertwende, insbesondere das Ballett, auch im westlichen Ausland bekannt zu machen. Seine 1909 gegründeten Ballets Russes, die erste kommerzielle Tanzkompanie, die nicht vom Staat erhalten wurde, brachten die Avantgarde von Musik, Choreografie und szenischer Kunst auf die Bühne. Ausgehend von fixen jährlichen Saisonen in Paris und London etablierten sie eine neue Art von Tourneebetrieb in Europa, mit dem sie das Tanztheater neu definierten und überall ein begeistertes Publikum hinterließen.

Wien erwies sich als Ausnahme. Hier war man unbeirrt konservativ. Doch 1913 war Djagilew überzeugt, dass die Stadt, in der Arnold Schönberg lebte, auch bereit sei für die Musik von Igor Strawinsky. So setzte er das Ballett „Petruschka" auf den Spielplan seines Wiener Gastspiels. Doch die Musiker weigerten sich, in den heiligen Hallen der Oper eine derartige „Schweinerei" aufzuführen. Hier würden alle Regeln der Harmonie verletzt.

Aus keiner von Trotzkis Lebensphasen stammen so viele kunstkritische Texte wie aus dieser Zeit. Freilich ordnete er sie seinen revolutionären Ideen unter. In seinen Memoiren von 1960 erinnerte sich der berühmte sowjetische Schriftsteller Ilja Ehrenburg an die Jahre seiner Emigration und seinen Aufenthalt in Wien. Obwohl es bereits die Zeit der Entstalinisierung unter Nikita Chruschtschow war, wagte er nicht, seinen damaligen Gastgeber, Trotzki, namentlich zu nennen. Ehrenburg schrieb: „In Wien kam ich bei dem bekannten Sozialdemokraten Ch. unter ... Ch. zeigte sich entgegenkommend; als er hörte, ich sei Versemacher, ließ er sich abends zu Exkursionen über Poesie und Kunst herbei. Widerspruch war nicht möglich, er sprach Urteile in letzter Instanz. ... Ch. stempelte meine literarischen Idole zu ‚Dekadenten', zu ‚reaktionärem Auswurf', Kunst erachtete er als etwas Sekundäres, einen Notbehelf. Eines Tages glaubte ich es nicht länger aushalten zu können. Ich hinterließ Ch. ein paar törichte, kindische Zeilen und fuhr zurück nach Paris." Ch. war niemand anderer als Trotzki. Sein Name war 1960 in der Sowjetunion immer noch tabu und blieb es bis zu ihrem Untergang 1989.

Hitler und die Radikalisierung der Massen

Verlierer kannte Wien viele, man brauchte gar nicht nur in die Obdachlosenasyle und Zinskasernen zu schauen. Auch Kleinbürger und Vertreter des traditionellen Handwerks kamen mit den neuen Wettbewerbsbedingungen nicht zurande. „Führerlos blökend wie eine verwaiste Herde", so der Schriftsteller Felix Salten, irrte die breite Masse der Kleinbürger umher. Die Sozialdemokratie, die Partei der Arbeiter, kam für sie nicht infrage. Ein begnadeter Populist und Menschenfänger brauchte nur die richtigen Sätze zu finden, um sie abzuholen, die Schuster, Schneider, Kutscher, Gemüsehändler, alle, die sich vom Glanz der Ringstraße ausgeschlossen fühlten – und es auch waren. Sie kamen mit dem modernen Industriekapitalismus nicht zurecht, standen als soziale Zwischenschicht unter dem doppelten Druck von Bürgertum und Proletariat. Sie sahen sich als die „Eingesessenen" und „Bodenständigen" und brachten kein Verständnis dafür auf, dass sie durch die Konkurrenz der „Anderen", der „Fremden", der „Ortlosen" in ihrer althergebrachten Existenzgrundlage bedroht wurden.

So ein Meister der einfachen Erklärungen fand sich in dem christlichsozialen Karl Lueger, der es 1897 bis zum Bürgermeister von Wien schaffte und in dem Amt viel voranbrachte. Er verstand es, die sozial und kulturell disparate Kleinbürgerkoalition als das „christliche Volk von Wien" zu organisieren. Sein Mittel, um die sich deklassiert Fühlenden anzusprechen, war der

Protektionismus, auf christlicher Basis und in Abgrenzung zur sozialdemokratischen Bewegung. Salten charakterisierte ihn 1909 treffend: „Er nimmt die Verzagtheit von den Wienern, ... er entbindet sie jeglichen Respektes. Man hat ihnen gesagt, nur die Gebildeten sollen regieren. Er zeigt, wie schlecht die Gebildeten das Regieren verstehen. Er, ein Gebildeter, ein Doktor, ein Advokat, zerfetzt die Ärzte, zerreißt die Advokaten, beschimpft die Professoren, verspottet die Wissenschaft ... Er bestätigt die Wiener Unterschicht in allen ihren Eigenschaften, in ihrer geistigen Bedürfnislosigkeit, in ihrem Misstrauen gegen Bildung."

Kaiser Franz Joseph fand diesen Verfall der politischen Kultur, die Rohheit des Tons, degoutant, er wollte Lueger vom Bürgermeistersessel fernhalten. Es gelang ihm nicht. Der Zug war bereits abgefahren, der neue Ton, der die politische Sprache bestimmte, war nicht mehr aufzuhalten, die Demagogie, die Polemik, die Denunzierung, die Hetzkampagnen. Doch am Rand der Gesellschaft Wiens, wo sich der aus bürgerlichen Verhältnissen stammende frustrierte Adolf Hitler herumtrieb, hörte man dem „Gott der kleinen Leute" begierig zu. Er benannte die Schuldigen an der Misere: die Juden. Es war zweifellos antisemitische Hetze, was er betrieb, es war skrupellose Polemik, wenn er vom „Gottesmördervolk", „Geld- und Börsenjuden", „Pressejuden", „Tintenjuden", „Bettlejuden" sprach. Der bodenständige, joviale, polternde Ton, abgestimmt auf die jeweiligen Zuhörer, hatte für viele etwas Augenzwinkerndes. Mal war er gemütlich und urwienerisch, dann wieder tückisch und vernichtend.

Dieser Antisemitismus war alles andere als radikal und konsequent, er war auch nicht rassisch angelegt, und er war nicht brutal und vulgär wie der der Nationalsozialisten. Er war taktisch, er diente dem Stimmenfang. Selbst ein Stefan Zweig fiel darauf herein, wenn er in seinem Erinnerungswerk „Die Welt von Gestern" eine allzu wohlwollende, verharmlosende Charakterisierung Luegers lieferte. „Er konnte populär sprechen, war vehement und witzig, aber selbst in den heftigsten Reden – oder solche, die man zu jener Zeit als heftig empfand – überschritt er nie den Anstand ... Gegen seine Gegner bewahrte er immer eine gewisse Noblesse und sein offizieller Antisemitismus hat ihn nie gehindert, seinen früheren jüdischen Freunden wohlgesinnt und gefällig zu bleiben." Andere Zeitgenosse, etwa Berthold Viertel, sahen in Lueger einen Lehrmeister Hitlers: „Um es immer wieder zu sagen, weil es immer noch zu wenig bekannt ist: Hitler ist nicht zufällig ein Österreicher", schrieb er in seinen Erinnerungen 1932.

„Lueger ist Antisemit. Aber niemals hat er gesagt, was er mit den Juden eigentlich machen wolle ... Lueger will die Juden weder austreiben, noch ihnen ihre bürgerliche Gleichberechtigung entziehen, er ‚bekämpft' sie eben nur", schrieb Friedrich Austerlitz. Das war auch der Grund, warum Hitlers Begeisterung für Karl Lueger sich in Grenzen hielt, obwohl er sich später zur Legitimation seines Tuns auf den Wiener Bürgermeister berief und ihn als „den gewaltigsten deutschen Bürgermeister aller Zeiten" bezeichnete. Als Hitler 1908 nach Wien kam, regierte Lueger diese Stadt bereits elf Jahre und feierte gerade einen Wahltriumph. Einen rassistischen, weit radikaleren Antisemitismus als Lueger vertrat der deutschnationale Georg von Schönerer. Er entsprach eher der sich in Wien entwickelnden Denkweise Hitlers. Die Wortwahl seiner Anhänger, der Alldeutschen, die vom „ekligen Völkerbabel Österreich" bis zum „Drecksgemisch von minderrassigen Auchösterreichern" sprachen, prägte auch den politisierenden Redner Adolf Hitler. Doch durch Schönerers „Los von Rom"-Ideologie war keine Brücke zu den Christlichsozialen möglich, dadurch machte er sich zu viele Gegner.

Hitler nahm das Gedankengut mehrerer antisemitischer Strömungen in Wien auf, von den Antisemiten im Lager Luegers bis zu denen des deutschnationalen Schönerer, der die Zeitrechnung nicht mit der Geburt Christi, sondern mit der Schlacht im Teutoburger Wald begann. Von dem fanatischen Alldeutschen konnte Hitler zudem die Brachialgewalt und die Obstruktion im Parlament, die Schlägereien und die Gewalt der Faust kennenlernen.

Seine Abneigung gegen die Juden führte Hitler auch auf die Lektüre „wissenschaftlicher Bücher" zurück. Es handelte sich dabei um antisemitische Blättchen, die er für ein paar Groschen kaufte, sowie um Zeitschriften wie „Ostara", die sich mit dem seriösen Mäntelchen einer „anthropologischen Forschung" umgab, um die "europäischen Herrenrassen durch die Aufrechterhaltung der Rassenreinheit vor der Vernichtung zu bewahren". Die entscheidende Erkenntnis, die er in Wien gewonnen habe, sei gewesen, dass er die „Judenfrage" als „Rassenfrage" zu verstehen gelernt habe. Der Begriff der Rasse wurde zum Schlüsselbegriff seines Geschichtsbildes und seiner Ideologie. Er schöpfte aus allen Quellen, lernte alle Schattierungen kennen, legte den Grundstein zu dem „Vernichtungsantisemitismus", den er später entwickeln sollte und der weit entfernt war von Luegers Denkweise.

Brigitte Hamann geht davon aus, dass sich Hitler als Folge der Teuerungsdemonstrationen des Jahres 1911 mit den Sozialdemokraten auseinanderzusetzen begann. Ihre neu gewonnene Stärke ließ ihn nicht unbeeindruckt, in Deutschland wurde die SPD 1912 zur stärksten Partei. In Wien zeigte sich, dass die Massenbewegung von Kleinbürgertum und unterem Mittelstand, die Karl Lueger geschmiedet hatte, nach seinem Tod am 10. März 1910 nicht zu halten war. Sie war offensichtlich vom politischen Geschick dieses einen Mannes abhängig gewesen. 1911 wurden die Sozialdemokraten in Wien erstmals stimmen- und mandatsstärkste Partei. Die SDAP, die Sozialdemokratische Arbeiterpartei, versuchte die sozialen Probleme durch parlamentarische Arbeit zu lösen, was nicht gelang. „Wir werden es noch dahin bringen, dass wir Hungerkrawalle erleben", warnte ein Abgeordneter. Das Problem der Teuerungen, vor allem im Bereich der Lebensmittel und der Mieten, wirkte sich in der Hauptstadt besonders drastisch aus. Fleisch, Mehl, Zucker und Milch waren für breite Teile der Bevölkerung kaum noch erschwinglich. Parteibasis und Arbeiterschaft zeigten ihre Unzufriedenheit. So besann sich die Partei auf ihre Stärke: die der organisierten Großkundgebungen.

Am 17. September 1911 demonstrierten 100.000 Menschen und erstmals seit 1848 wurde bei einer Demonstration wieder auf Protestierende geschossen, vier Menschen wurden getötet. Die Teuerungsrevolte dieses Tages war die letzte von den Sozialdemokraten organisierte Großkundgebung in Wien vor dem Ersten Weltkrieg. Der spätere Staatskanzler und Bundespräsident Karl Renner sah darin eine „allgemeine Volksbewegung, bei der die Abgrenzungen der Klassen sich auflösen". Die anderen Parteien kritisierten, dass die Sozialdemokraten ihre Anhänger nicht unter Kontrolle hätten und daher Mitschuld an Randale und den Zerstörungen trügen. So geriet die Partei in die Defensive, aus der sie sich bis zum Ersten Weltkrieg nur schwer wieder lösen konnte.

Einmal zeigte sie noch, wie groß ihre Anhängerschaft war, wie flächendeckend ihre Organisation. Es war „die wohl größte und imposanteste Massenmanifestation, die Wien je erlebt hatte" (Wolfgang Maderthaner). Sie fand am 16. Februar 1913 statt, einem klaren Wintersonntag. Fast eine halbe Million Menschen, ein Viertel der Wiener Bevölkerung, war gekommen, um Abschied zu nehmen von dem populären Arbeiterführer und Wiener Gemeinderat Franz Schuhmeier, einem der größten politischen Talente, die die Sozialdemokratische Partei bis dahin hervorgebracht hatte. Schuhmeier war nach der Rückkehr von einer Wählerversammlung am 11. Februar 1913 in der Halle des Wiener Nordwestbahnhofes durch ein Revolverattentat getötet worden.

„Diese Tausenden und Tausenden, die gestern die Straßen von Ottakring füllten, die wie in einer stillen, ergreifenden Mission in endlosem, langem Zuge dem Sarg folgten, sie waren freiwillig gekommen; ohne Kommando, um eine Herzenspflicht zu erfüllen. ... Das war nicht Neugierde, das war Pietät, herrlichste, aufrichtigste Pietät für einen, den man geliebt", schrieb die Zeitung „Der Neue Tag". Wir können davon ausgehen, dass Adolf Hitler, der die Organisationskraft der Sozialdemokraten nicht ohne Bewunderung studierte, unter den Neugierigen war, die die schier endlosen Kolonnen des Begräbniszugs vom Straßenrand aus beobachteten, wahrscheinlich auch Trotzki, vielleicht auch Stalin, der möglicherweise an diesem Tag noch in Wien war. Das Ereignis hatte auch direkte Folgen für die Insassen des Männerheims in der Meldemannstraße: Die Polizei hatte Informationen, dass ein radikaler Sozialist, ein Tischler aus München, sich nach Wien aufgemacht hatte, um den Mord zu rächen und den christlichsozialen Abgeordneten Leopold Kunschak zu erschießen. Der Mann verbrachte eine Nacht in dem Heim, in dem auch Hitler wohnte. Das Gebäude wurde in der Nacht von der Polizei abgeriegelt und der Verdächtige verhaftet.

Franz Schuhmeier war einer jener sozialen Aufsteiger, die es trotz Herkunft aus ärmlichsten Verhältnissen geschafft hatten. Die politisch und sozial rechtlosen Arbeiter der Vorstädte fanden in ihm eine Identifikationsfigur. Die massenhafte Teilnahme an seinem Begräbnis bedeutete: Wir, die Arbeiter, treten aus der Vereinzelung heraus, bilden eine politisch bewusste, identitätsstiftende Bewegung, wir sind das „rote Wien", eine Gegengesellschaft und Teil eines Zukunftsprojekts, das das aktuelle Leid überwindet und eine andere Kultur proklamiert.

Die „Roten" verachtete Hitler, weil sie nichts unternahmen für die Erhaltung des Deutschtums in Österreich, sondern für einen Kompromiss mit den Slawen eintraten. Er konnte nicht akzeptieren, dass die Marxisten die gemeinsame Zugehörigkeit zu einer unterdrückten Klasse höher stellten als das Trennende, das sich aus der Zugehörigkeit zu einer Nation ergab. So begann er auch den Marxismus zu hassen.

Die Arbeiter, die nach Wien gekommen waren, mussten sich die Miete leisten können und die Distanz zum Arbeitsplatz durfte nicht zu groß sein. Zwei bis drei Kilometer lange Fußmärsche nahmen sie in Kauf, die ersten Tramways versorgten zwar die bürgerlichen Vorstädte, waren für die Arbeiter aber in der Regel zu teuer. So entstanden in Ottakring, Hernals, Meidling und Rudolfsheim Arbeitersiedlungen, weil hier die gewerblichen Zentren waren, bevor sich die prosperierende Maschinenindustrie auf den unverbauten Flächen der Bezirke Leopoldstadt, Landstraße und Wieden anzusiedeln begann. Max Winter beschreibt in seiner Reportage „Ein Tag in Ottakring" von 1901 einen Morgen im Arbeiterbezirk Ottakring: „Zeitlicher als im Zentrum der Stadt erwacht an ihrer Grenze das Leben. Um 6 Uhr morgens kriechen die menschlichen Ameisen aus ihrem Bau und ziehen in dichten Schwärmen zur Arbeit."

Es war ein täglicher Kampf, um ein Auskommen zu finden. Nur am 1. Mai feierten die Arbeiter. Der Maiaufmarsch war 1913 nichts Neues mehr, die Tradition reichte zurück bis 1890. Aber noch immer erfreute er die Seele des Proletariers und noch immer erschreckte er die des Bürgers. Damals, am 1. Mai 1890, hatte die Ankündigung für Hysterie bei den Wohlhabenden gesorgt. Mit dem Leitartikler der „Neuen Freien Presse" zitterte Wiens Bourgeoisie vor der ersten großen Arbeiterdemo, noch dazu in der Prater Hauptallee, die normalerweise Herrenreitern und Pferdegespannen vorbehalten war. Mit der Forderung acht Stunden Arbeit, acht Stunden Erholung und acht Stunden Schlaf wollten die Proletarier auf die Straße gehen. Die Reaktion darauf: „Die Soldaten stehen in Bereitschaft, die Tore der Häuser werden geschlossen, in den Wohnungen wird Proviant vorbereitet wie vor einer Belagerung, die Geschäfte sind verödet, Frauen und Kinder wagen sich nicht mehr auf die Gasse." Die Wiener Garnison war in Bereitschaft, die „Publizierung des Standrechts" hing in der Luft. Am 2. Mai war der von der Zeitung herbeigeschriebene Spuk verflogen. Nichts war passiert. Man musste zugeben: „Die Arbeiterschaft hat sich musterhaft benommen ... Keine Gewalttat, keine Ruhestörung, nicht die geringste der befürchteten Ausschreitungen!" Dass sich hauptsächlich die „Neue Freie Presse" gefürchtet hatte, erwähnte man tags darauf besser nicht.

Noch 1913 gab man in den bürgerlichen Haushalten den Dienstmädchen die Anweisung, vor dem kritischen Wochenende Lebensmittel zu beschaffen. Stefan Zweig erinnerte sich, dass „es uns Kindern streng verboten war, an diesem Schreckenstag, der Wien in Flammen sehen konnte, die Straßen zu betreten". Das Spektakel erschütterte auch den 24-jährigen jungen Mann, der beileibe nicht zur Klasse der Begüterten zählte: „mit angehaltenem Atem" schaute Adolf Hitler der Demonstration zu. Sie war an diesem Tag besonders glanzvoll. Jede Fachgruppe der Arbeiterschaft versammelte sich schon am frühen Morgen an verschiedenen Treffpunkten in den Bezirken, Punkt zehn Uhr marschierten dann die Züge los, Phalanx um Phalanx. Man erkannte an ihrer Kleidung, zu welchem Berufsstand sie gehörten, sie trugen Schürzen, Kittel oder Arbeitsmäntel, bildeten Menschenketten, hatten sich untergefasst. Unglaublich, wie viele Lieder sie beherrschen: Man hörte welche gegen den Krieg, für menschengerechte Löhne, leistbare Wohnungen. Als die Züge sich bei der Ringstraße vereinten, schwoll der Gesang an, zu einem hundertstimmigen Chor. Jeder trug eine rote Nelke im Knopfloch, aber auch eine schwarze Armbinde. Der Tod ihres Idols Franz Schuhmeier war nicht vergessen.

In „Mein Kampf" berichtete Adolf Hitler von seinen Empfindungen angesichts „der endlosen Viererreihen" der Wiener Arbeiter. „Fast zwei Stunden lang stand ich so da und beobachtete mit angehaltenem Atem den ungeheuren menschlichen Drachenwurm, der sich da langsam vorbeiwälzte. In banger Gedrücktheit verließ ich endlich den Platz und wanderte heimwärts." Warum war er so bedrückt? Er glaubte zu spüren, dass die Arbeiter alles, was ihm heilig war, ablehnten. „Die Nation als eine Erfindung der kapitalistischen Klassen. Das Vaterland als Instrument der Bourgeoisie zur Ausbeutung der Arbeiterschaft; die Autorität des Gesetzes als Mittel zur Unterdrückung des Proletariats; die Schule als Institut zur Züchtung des Sklavenmaterials, aber auch der Sklavenhalter; die Religion als Mittel der Verblödung zur Ausbeutung bestimmten Volkes; die Moral als Zeichen dummer Schafsgeduld usw. Es gab rein gar nichts, was nicht in den Kot einer entsetzlichen Tiefe gezogen wurde."

So formten sich seine Ansichten über die Sozialdemokratie. Er hasste sie nicht nur, er fürchtete sie auch. Die Bedrohung, die er hinter der Masse der Arbeiter spürte, hinterließ bleibende Spuren in seinem Verständnis für „die Bedeutung des körperlichen Terrors", schrieb er in „Mein Kampf". Hier erzählte er auch die sicherlich erfundene Geschichte, wie sein Hass entstanden sei. Für kurze Zeit auf dem Bau beschäftigt, habe er die politischen Ansichten der sozialdemokratischen Arbeiter zurückgewiesen und einen Beitritt zur Gewerkschaft abgelehnt. Angeblich hätten sie ihn dann schikaniert und persönlich bedroht. Man kann aber eher davon ausgehen, dass sein Hass trotz seiner misslichen Lage auf Verachtung und dem Gefühl einer kulturellen und sozialen Überlegenheit beruhte. „Ich weiß nicht, was mich nun zu dieser Zeit am meisten entsetzte", schrieb er über den Kontakt mit Menschen aus den „unteren Klassen", „das wirtschaftliche Elend meiner damaligen Mitgefährten, die sittliche und moralische Rohheit oder der Tiefstand ihrer geistigen Kultur."

Kampf um die untergehende Monarchie

„Freund und Feind, die ganze Welt befasst sich jetzt mit unserem Schicksal, und zwar sehr eifrig. Ja, mitunter geradezu übereifrig. In einem Teil der ausländischen Presse wird frohlockend die Meinung geäußert, unser altes Habsburgerreich gehe mit Riesenschritten und unaufhaltsam seinem Untergange entgegen. ... Leider ist die Entwicklung der politischen Verhältnisse bei uns seit einer Reihe von Jahren eine solche, dass es vor allen anderen uns selbst bange wird, wenn wir an die Zukunft dieses Reiches denken." Der Mann, der sich hier seine Gedanken machte, war zeit seines Lebens ein leidenschaftlicher Anhänger der Habsburgermonarchie: Aurel Popovici wurde 1863 im multikulturellen Banat geboren, als Nachkomme von rumänischsprachigen Wehrbauern. 1906 rückte er in den engeren Kreis um den österreichisch-ungarischen Thronfolger Franz Ferdinand. „Die Vereinigten Staaten von Groß-Österreich", das war sein Thema, er hatte Ideen für die Umgestaltung und damit Rettung des Vielvölkerreiches. Und er war nicht der Einzige.

Unzählige Österreicher und Ungarn diskutierten nach 1900 darüber, wie man die Strukturen der Monarchie reformieren könnte. Sieht man sich diese engagierten Debatten genauer an, erkennt man: Es kann keine Rede davon sein, dass sich überall eine resignative Untergangsstimmung breitmachte. Vielmehr herrschte eine Mischung von Fortschrittsoptimismus und Zukunftsangst. Eine gewisse Nervosität lag vor dem Ersten Weltkrieg über der europäischen Gesellschaft. Die spätbürgerlichen Lebens- und Denkformen der Vorkriegszeit drohten zu kippen. Thomas Mann wählte den Begriff „Die große Gereiztheit" für ein Kapitel in seinem „Zauberberg". Er schrieb: „Was lag in der Luft? – Zanksucht. Kriselnde Gereiztheit. Namenlose Ungeduld. Eine allgemeine Neigung zu giftigem Wortwechsel, zum Wutausbruch ..." Keiner griff ein und tat etwas dagegen. Man hatte das Gefühl, einem historischen Ablauf zuzusehen, den man nur als Fatum hinnehmen, den man aber nicht mehr ändern konnte.

War dies die Stimmung in der Donaumonarchie? Gab die eigene Bevölkerung sie auf, als einen zum Untergang verurteilten Anachronismus in Europa? Es war vor allem die Person des Kaisers Franz Joseph, die Österreich so „alt" wirken ließ. Der Autokrat aus der Zeit des Neoabsolutismus war zum Bürokraten geworden, der sich auf ein Heer ergebener Beamter stützte, der immer wieder zu Kompromissen, Konzessionen und Kursänderungen gezwungen wurde, aufgrund finanzieller Probleme, Kriegsniederlagen und gesellschaftlicher Veränderungen. Für kritisch-moderne Zeitgenossen wie Hermann Broch war der Kaiser zunehmend identisch geworden mit einem „Staat, dessen Todesschicksal an sein eigenes gebunden war".

So einfach kann man die Analyse jedoch nicht angehen. Es zeigt sich vielmehr, dass sich die Gesellschaft auf die Suche nach neuen Regeln, Strukturen und Institutionen machte. Pieter M. Judson schreibt in seiner Analyse des Habsburgerreiches von der großen „Leidenschaftlichkeit, mit der man Reformprojekte diskutierte", und der „Kreativität, mit der man sie ersann". Zeitgenössische Ökonomen wie Felix Somary bestritten die angebliche Rückständigkeit dieses wirtschaftlich prosperierenden Staates: „Hier wurde gekämpft, nicht um die Fragen von vorgestern, sondern um die von übermorgen."

Sicher, es gab das Nationalitätenproblem, es gab Völker, die dieselbe Sprache sprachen, gemeinsame politisch-kulturelle Ideale entdeckt hatten und zu einem Bewusstsein nationaler

Zusammengehörigkeit gelangt waren. Dieses Nationalbewusstsein war nicht mehr aus der Welt zu schaffen, man musste es nur kanalisieren, so Aurel Popovici. Die Nationen mussten überzeugt werden, dass das Habsburgerreich ihre Ideale nicht unterdrücke, sondern sich verbürge für die Erhaltung ihrer nationalen Individualität. Die „Versöhnungsmaxime" sollte sein: „Jedem ehrlich das Seine, ohne Hintergedanken". Zwischen dem extremen Zentralismus und dem extremen Föderalismus musste ein Mittelweg gesucht werden. Das sei der Bundesstaat, eine Staatsform, die gerade so weit zentralistisch ist, dass Bestand und Macht des Reiches sich nicht auflösten, aber doch so weit föderalistisch und dezentralisiert, als es zur freien Entwicklung von mündigen Nationalitäten unbedingt notwendig ist.

Das Nationalitätenproblem bedeutete eine Schwächung des Staates, aber das allein machte ihn noch nicht zu einem hoffnungslosen Anachronismus in Europa und führte nicht zwingend zu seinem Ende. Man musste die zweifellos vorhandenen strukturellen Gesamtprobleme eben nur lösen. Das Potenzial dafür war da, nämlich eine funktionierende Verwaltung. Denn „verwaltet wurde dieses Land in einer aufgeklärten, wenig fühlbaren, alle Spitzen vorsichtig beschneidenden Weise von der besten Bürokratie Europas", so Robert Musils Urteil über „Kakanien", jenen „untergegangenen, unverstandenen Staat, der in vielem ohne Anerkennung vorbildlich gewesen ist". Die habsburgischen Beamten waren flexibel und kreativ, wenn es galt, nationale Konflikte zu entschärfen. Das Funktionieren des Reiches war ihnen ein Anliegen, wie gewissenhafte Architekten arbeiteten sie gegen den Einsturz des Gebäudes und fanden durch verschiedene „Ausgleiche" Auswege aus verfahrenen Situationen auf regionaler Ebene.

Großes Vorbild war die staatliche Ausgleichsregelung mit Ungarn von 1867. Damit nämlich, mit der Gründung einer österreichisch-ungarischen Doppelmonarchie, war eine neue Epoche angebrochen. Es war schon einmalig: Franz Joseph I. war jetzt dualistischer Monarch, Kaiser und König. Derartiges hatte die

Geschichte noch nicht erlebt. Die Magyaren, „allesamt Husaren oder Advokaten", wie Bismarck einmal bemerkte, hatten sich da offenbar etwas zu ihrem Vorteil ausgedacht. Alle rechtlichen Bezeichnungen und Begriffe dafür waren „zunächst nur leere juristische Gehäuse", so der Staatswissenschaftler und Politiker Josef Redlich, „so kam alles darauf an, was der Träger der doppelten Herrscherwürde, was Franz Joseph selbst tatsächlich aus seinem rechtlich so schwer definierbaren Herrscheramte machen würde". Nicht weniger als fünfzig Jahre hat er sich auch redlich darum bemüht, bis der Krieg den kunstvollen Mechanismus außer Kraft setzte.

Ja, es war unverkennbar, diese „Kaiserlich und königliche Monarchie" war ein „unendlich kompliziertes Instrument, das nur ein Meister richtig behandeln könnte". Diese Worte legt Arthur Schnitzler in seinem Roman „Der Weg ins Freie" einem alten Hofrat in den Mund, der wenig Verständnis dafür zeigt, dass so viele „Stümper" darin versagten, das Instrument zum Klingen zu bringen. Einer, der es versuchte, war der angesehene Wiener Staatsrechtler Edmund Bernatzik. „Man muss Bernatzik in der Vorlesung gehört, beinahe hätte ich geschrieben: erlebt haben", erinnerte sich der Historiker Friedrich Engel-Jánosi, „wenn er, klein, mit beträchtlichem Embonpoint, den studentischen Schmiss auf der linken Wange, mit bewusster Nonchalance langsam den Zwicker aufsetzend, den Katheder betrat und sich nun lächelnd und leise näselnd dem Auditorium zuwandte: ‚Ja, ich soll Ihnen Österreichisches Staatsrecht vortragen. Ja, weiß ich denn, was Österreich ist? Die Neue Freie Presse freilich, die weiß das genau ...'" 1911 wurde der deutschnational gesinnte Bernatzik in eine Kommission berufen, die tiefgreifende Verwaltungsreformen ausarbeiten sollte. Ein Jahr darauf erschien seine Schrift über das Nationalgefühl.

Man könne sehr gut fordern, so Bernatzik, dass jede Nation alle ihre Angehörigen in einem souveränen Staat vereinigen können soll. Doch sei das in modernen Staaten mit ihrer Gemengelage verschiedener Nationalitäten unmöglich. Also müsse die Politik Staat und Nationalität miteinander in Einklang bringen. In Österreich gebe es acht Nationalitäten, die sich in Anzahl, Steuerleistung und kulturellem Niveau deutlich voneinander unterschieden. Die Deutsch-Österreicher, numerisch durchaus stark, seien aber nur „ein gutes Drittel". Bernatzik hielt es für einen „unbegreiflichen Fehler" des Ausgleichs von 1867, keinen Vorrang des Deutschen als Amtssprache festgeschrieben zu haben. Der Wunsch der Nationalitäten, nur durch ihre Landsleute in ihrer Sprache regiert und verwaltet zu werden, münde unweigerlich in Chaos und Zwistigkeiten.

Eine an und für sich minderheitenfreundliche Regelung führte im Alltag zu zahlreichen praktischen Problemen. Verständigungsprobleme und nationales Selbstwertgefühl selbstbewusster Bürger wurden zur toxischen Mischung. Ein Beispiel dafür waren die Slawen in der Monarchie, die eine Assimilation ablehnten. Gerade aus diesen Kreisen kamen die vielen Wanderarbeiter. Thronfolger Franz Ferdinand zeigte sich erstaunt und befremdet, dass er bei einem Besuch in Böhmen ausschließlich tschechische Ansprachen zu hören bekam und dass für ihn eine rein tschechische Antwort vorbereitet war.

Ein geeignetes Mittel, Staaten mit mehreren Nationalitäten zu regieren, war nach Bernatzik die „nationale Autonomie". Das Gleichheitsprinzip und eine gemeinsame Verständigungssprache müssten dabei gewahrt werden, dann war ein Fortbestand des Staates gesichert, andernfalls drohten die „Greuel" eines „Rassen- und Nationalitätenkrieges". Bernatzik formulierte den Wunsch, dass Österreich mit der „mühevollen Ersinnung eines billigen und gerechten Nationalitätenrechtes eine zivilisatorische Arbeit" leisten solle, die für andere Staaten „vorbildlich" werden könnte.

Als Wissenschaftler fühlte sich Bernatzik verpflichtet, Konzepte zu entwerfen. Doch inoffiziell zeigte er sich skeptisch und pessimistisch und der Meinung, dass Österreich in dieser Form politisch nicht überleben würde. Für den größten politischen Fehler des Kaisers hielt er, dass dieser mit den verschiedenen

Nationalitäten „reihum regierte" und deshalb keine konsequente Politik verfolge. Letztendlich könnten die nichtdeutschen Nationalitäten durch keine noch so großen Zugeständnisse befriedigt werden, sondern nur durch eine Trennung von Österreich. Vor allem die radikale Linie der Ungarn hielt er für katastrophal. Da war er nicht der Einzige. „Man könnte geradezu glauben, dass die leitenden Kreise Ungarns von der Idee befangen waren, sie seien eine bevorrechtete Herrennation und alles müsse sich ganz und gar nach ihnen richten", schrieb ein anonymer Berater des kaiserlichen Hofes unter dem Schlagwort „Ungarischer Globus". Vor allem würde dadurch die brennend gewordene Lösung der slawischen Frage verhindert, „an deren übermäßiger Verzögerung die Monarchie zugrunde gehen musste".

Es war ja unübersehbar: Österreich-Ungarn wurde immer föderalistischer und dezentraler. Nationalistische Politiker gerieten bei Kompromisslösungen unter Druck durch ihre eigenen radikaleren Gesinnungsgenossen, die eine härtere Linie gegenüber der Zentrale forderten. Wie konnte man aber das ganze Reich gegen die zentrifugalen Kräfte des Nationalismus schützen? Die nationale Vielfalt wurde zu einem Problem, von dem kluge Köpfe wussten, dass es sich im Lauf der Zeit immer mehr verschärfen würde und kaum zu lösen war. Der Staat war zwar kein „Völkerkerker", wie manchmal behauptet, aber weit entfernt von einer Idylle gleichberechtigter Nationalitäten, die sich als bunte Völkerfamilie einträchtig um das Herrscherhaus scharten.

1897 hielt sich der amerikanische Schriftsteller Mark Twain ein Jahr lang in Wien auf, er besuchte auch den Reichsrat in Wien, und zwar die Sitzung vom 28. bis 30. Oktober 1897. Die Reportage, die er anschließend verfasste, liest sich wie ein Bericht aus einem Tollhaus. Es ging eigentlich um den Finanzausgleich zwischen Ungarn und Österreich, doch die Sitzung wurde zum Fanal, weil das budgetäre Problem von deutschnationalen Politikern mit der Sprachenverordnung des Ministerpräsidenten Kasimir Badeni verquickt wurde. Danach sollte für Böhmen und Mähren neben dem

Deutschen das Tschechische als Amtssprache in Kraft treten. Angesichts der stundenlangen Saalschlacht musste man den Eindruck gewinnen, dass die öffentlichen Angelegenheiten der Monarchie überhaupt nicht mehr sinnvoll besprochen oder geregelt werden konnten. Die Nationalitäten, ihre Parteien und Fraktionen, waren nicht willens zur Kooperation oder gar zu einem Bündnis.

Zehn Jahre nach Mark Twain saß eine in Wien gestrandete Existenz, der junge arbeitslose Adolf Hitler, auf der Zuschauertribüne des Parlaments. Er zog aus dem Geschehen seine eigenen Lehren: „Mit der Bildung eines parlamentarischen Vertretungskörpers ohne die vorhergehende Niederlegung und Festigung einer gemeinsamen Staatssprache war der Grundstein zum Ende der Vorherrschaft des Deutschtums in der Monarchie gelegt worden. Von diesem Augenblicke an war damit aber auch der Staat selbst verloren."

Auch auf der anderen Seite der gesellschaftlichen Skala gab es Kreise, für die die Doppelmonarchie nur noch ein Patient war, der endlich geheilt werden müsste. Hier fielen Sätze wie: Das immerwährende Ausweichen vor allen heiklen Fragen sei der Fluch der Monarchie. Oder: Seit Jahren und Jahrzehnten würde jetzt eine Politik von der Hand in den Mund betrieben, so hätten sich die Dinge im Reich kompliziert und alle Reformen gelähmt. Der Grundfehler liege in dem sogenannten Ausgleich, der Einigung zwischen Österreich und Ungarn von 1867 mit seinen vielen Unklarheiten. Der österreichische Patriotismus drohe im Gestrüpp des nationalen Chauvinismus unterzugehen. Und sei erst einmal die k. u. k. Armee davon befallen, könne keiner mehr helfen.

Es war die Clique um Franz Ferdinand, dem unpopulären Thronfolger, der wegen seiner sich bei den geringsten Anlässen aggressiv austobenden „Impetuosität" Kopfschütteln hervorrief. Sein Verhältnis zu Kaiser Franz Joseph war unentspannt, man ging sich wenn möglich aus dem Weg. Nie verwand es der Thronfolger im Wartesaal, mit welch grausamer Herablassung Kaiser und Hof seiner Ehefrau Sophie, die als Grafentochter zur Welt gekommen war, begegneten. Wenn er nicht bei seiner Familie war, saß er in seiner Wohnung im Oberen Belvedere. Dann ging er mehrmals am Tag hinunter zur Militärkanzlei im schlichteren unteren Teil der Barockanlage, durch die berühmte Gartenanlage, von der aus er einen grandiosen Blick über Wien hatte, den Mittelpunkt seines zukünftigen Machtbereiches. Bald würde es so weit sein.

Am Hof sprach man stirnrunzelnd vom „Belvederekreis", jenem säbelrasselnden und romantisierenden Zirkel um Franz Ferdinand, der in einer Art „Nebenkabinett" Ideen für die Zukunft der Monarchie ausbrütete. Der österreichisch-ungarische Dualismus galt hier als Konstrukt, das den Staat in die Luft zu sprengen drohte. Vage Ideen von einem gleichberechtigten Nebeneinander aller Völker der Monarchie wurden diskutiert, um die unausgewogene Machtverteilung im Gesamtstaat auszubalancieren, eine Aufwertung der südslawischen Völker, so etwas wie die „Vereinigten Staaten von Groß-Österreich", nach der Idee von Aurel Popovici. Prompt wurde sein Buch in Ungarn verboten. Die Pläne waren sicher gerechter als die tatsächlichen Verhältnisse seit 1867, aber, wie schon Robert A. Kann schrieb: Man bleibe gerne auf den „ausgetretenen Pfaden althergebrachter Mängel". Sie würden durch die administrative Praxis abgemildert und durch die Macht der Tradition toleriert, während es höchst unwahrscheinlich sei, dass das Neue ohne heftigen Kampf hingenommen werde.

Doch die Konfliktlinien lagen nicht nur zwischen den Nationalitäten. Auch das Kräfteverhältnis zwischen dem Kaiser, der Regierung und dem Parlament, also dem Reichsrat, hatte sich zu Beginn des Jahrhunderts verschoben. Die Wahlrechtsänderung war der größte Demokratisierungsschub, den die Monarchie seit 1867 erlebt hatte. Man sah, was in Russland als Reaktion auf Demonstrationen und Aufstände sozialistischer Gruppierungen gerade geschah: Ein Parlament, eine Duma, konnte auch von Bevölkerungsteilen, die bisher ausgeschlossen gewesen waren, gewählt werden. Der Kaiser selbst gab am 26. Jänner 1907 grünes Licht für das allgemeine, gleiche und freie Wahlrecht. Es galt für Männer, die älter als 24 waren, das alte Kurienwahlsystem war damit abgeschafft. Damit wurde der Abgang der Aristokraten von der politischen Bühne beschleunigt.

Konnte das auch in einem ethnisch nicht homogenen Land wie Cisleithanien funktionieren? Der in seiner konservativen Denkweise verhaftete Franz Joseph konnte sich zeit seines Lebens nie mit der Institution des Parlaments anfreunden, kein einziges Mal besuchte er eine Sitzung im Gebäude an der Ringstraße. Die Volksvertreter als gleichberechtigte Partner im Machtgefüge zu akzeptieren lag ihm ferne. Daran hätte sich auch nichts geändert, wenn durch seinen früheren Tod der Thronfolger an die Macht gekommen wäre, denn der dachte in dieser Frage ganz ähnlich. Eine vollständige Umwandlung des Reiches in eine konstitutionelle Monarchie, bei der die Regierung allein die Folge der Mandatsverteilung im Parlament gewesen wäre wie in England, wäre möglicherweise durch den früh verstorbenen Kronprinzen Rudolf denkbar gewesen. Doch das muss Spekulation bleiben.

1907 kam es zu einem Wahlkampf, wie man ihn noch nie erlebt hatte, die großen Massenparteien spielten nun die Hauptrolle. Für die Sozialdemokraten war klar: Das war ihre Reform, nicht die der Nationalisten und nicht die des Bürgertums. Jetzt waren viele Barrieren niedergerissen, die sie von der Macht ferngehalten hatten. Nach der Wahl vom 24. Mai 1907 sah der Reichsrat ganz anders aus: Er avancierte zum Volkshaus, mit den Sozialdemokraten als stärkster Partei, aber mit einer breiten bürgerlichen Mehrheit aus christlichsozialen und deutschnationalen Parteien. Auch die Wahlbeteiligung war groß, sie lag bei mehr als 80 Prozent. Pessimistische Töne kamen vor allem aus der militäraffinen aristokratischen Elite. Sie sah den Patriotismus am Schwinden und stellte die Überlebensfähigkeit der Monarchie infrage.

Hatte Karl Renner recht behalten? Er hatte immer gesagt, das allgemeine Wahlrecht für Männer werde die Aufmerksamkeit der Wähler von den sektiererischen nationalen Themen hin zu wirtschaftlichen Anliegen lenken. Und für den Kaiser gab es ebenfalls einen Hoffnungsschimmer: Vielleicht gelang es, Parteien und Wähler wieder mehr für das Reich zu interessieren als für ihre Nation. Vielleicht könnte man so die Grenzen zwischen den einzelnen nationalen Gemeinschaften überwinden und ein erneuertes Reich schaffen. Jedenfalls wurde die Bildung von Massenorganisationen jetzt gefördert, etwa wenn sich alle regionalen katholischen Parteien zusammenfanden oder alle Sozialisten. Sie würden mit ihrer Agitation und ihren Netzwerken reichsweit agieren und sich an ihre Wähler als Katholiken oder als Arbeiter wenden und nicht als Repräsentanten einer Nation. Eine Chance. Ein Reich mit Zukunft gar?

Nun war auch die Regierungsbildung nicht mehr wie zuvor, sie musste sich an den neuen Mehrheitsverhältnissen orientieren. Der Schwerpunkt der Auseinandersetzungen verlagerte sich von den Nationalitäten hin zu den ideologischen Standpunkten der Massenparteien. Es wurde nun also nicht ruhiger im Reichsrat: Die Sozialdemokraten betrieben eine scharfe Oppositionspolitik. Die Regierungen gerieten ins Schlingern: Waren sie wie früher die des Kaisers oder die des Parlaments? Die Lösung, reine Beamte ins Kabinett zu schicken, gefiel den Parlamentsparteien nicht und sie griffen zum Mittel der Obstruktion. Das Budget 1909 und andere wichtige Gesetze konnten nicht verabschiedet werden. Viel Randale in den Reihen des Reichsrats also, zudem verloren mit dem Tod Karl Luegers im März 1910 die Christlichsozialen ihre integrierende Leitfigur.

Während dieser Jahre bewegten sich die Regierungen immer mehr vom Reichsrat weg. Bezeichnend für die letzte Ära der Monarchie war, dass ein Mann zum Ministerpräsidenten ernannt wurde, der vom neuen Wahlrecht und dem Parlamentarismus wenig hielt. Sein Name war Karl Graf Stürgkh, und er bildete ein reines Beamtenkabinett. Stürgkh, geboren 1859 in Graz, entstammte einem alten steiermärkischen Dienstadelsgeschlecht, das traditionell Beamte und Offiziere stellte. Von der Wahlrechtsreform hielt er nichts, er konnte 1907 auch sein Mandat im

Abgeordnetenhaus nicht halten, doch der Kaiser berief ihn noch im selben Jahr ins Herrenhaus. Nun begann sein politischer Aufstieg. In sozialdemokratischen Kreisen wurde der dem Kaiser treu und loyal ergebene Graf „Das Nullerl" genannt, eine Marionette des Thronfolgers beziehungsweise des ungarischen Ministerpräsidenten Tisza.

Die Regierungsweise Stürgkhs wurde zum Sinnbild der Jahre vor dem Weltkrieg, in denen das Parlament kaum mehr mitregierte. „Eine solche Sprache, in diesem Haus vom Ministerpräsidenten geführt, zeigt, dass der Ministerpräsident wirklich keine blasse Ahnung hat, wie es im Volke draußen aussieht, und dass er auch jede Fühlung mit diesem Hause vollständig verloren hat", so ein sozialdemokratischer Abgeordneter über Stürgkh. Man habe die Verpflichtung, „sich dagegen zur Wehr zu setzen, dass hier ein Ministerpräsident so spricht, als wäre er wirklich der Alleinherrscher in Österreich, und es wäre die Meinung und das Votum von Millionen von Wählern in Österreich viel weniger wert als das, was irgendein feudaler Graf hier will". Stürgkhs Regierung hatte sich für eine Beschränkung der Fleischimporte durch Importzölle eingesetzt und damit eine Lebensmittelverteuerung in Kauf genommen. Eine überaus unpopuläre Maßnahme. Doch die Regierung blieb stur.

Auch in anderen Fragen agierte die Regierung zunehmend autoritärer. In Böhmen etwa boykottierten die Deutschen seit 1911 den Landtag, er konnte deswegen kein Budget verabschieden, die Landesfinanzen des Kronlandes standen vor dem Zusammenbruch. So wurde der Landtag von der Wiener Regierung aufgelöst. Die Tschechen drohten in der Folge mit Obstruktion im Reichstag, der arbeitsunfähig zu werden drohte. Stürgkh entschloss sich daher im März 1914, die Reichsratssitzung zu schließen und auf unbestimmte Zeit zu vertagen. Der Reichsrat blieb für die nächsten drei Jahre geschlossen, der Parlamentarismus fand durch die Ausnahmegesetzgebung und die vollständige Ausschaltung bestehender verfassungsmäßiger Rechte sein Ende. Die Regierung brauchte nun keinerlei Rücksicht mehr auf eine wie auch immer zusammengesetzte Volksvertretung zu nehmen.

Regiert wurde allein mit dem Notverordnungsparagrafen 14. Das wäre nicht unbedingt notwendig gewesen, Cisleithanien hatte schon zuvor größere Krisen erlebt, ohne zu diesem drastischen Mittel gegriffen zu haben. Doch Stürgkh sah sich unterstützt, durch Kaiser Franz Joseph und seine Berater, aber auch durch den Thronfolger Franz Ferdinand. Der Notstandsparagraf sollte dann im Ersten Weltkrieg eine inflationäre Anwendung finden. Stürgkh kam bei einem Mordattentat ums Leben. Friedrich Adler, der Sohn Victor Adlers, ermordete ihn am 21. Oktober 1916 während eines Essens im Restaurant des Hotels „Meißl & Schadn". Nur wenig später, am 21. November, ging auch das Leben Kaiser Franz Josephs zu Ende. Mit dem Tod des Langzeitmonarchen endete, mitten im Ersten Weltkrieg, eine Epoche.

Der Radikale und die Sozialdemokraten

Für einen wie Trotzki, der ständig die Revolution im Kopf hatte, war es ernüchternd, wie apolitisch viele Intellektuelle im Wien dieser Jahre waren. Dies galt vor allem für die um 1880 geborene Generation der Wiener Szene, der so begabte und sensible Schriftsteller wie Hugo von Hofmannsthal und Stefan Zweig angehörten. Ihr Widerspruchsgeist erschöpfte sich in der Flucht in die Kunst und in die sich als antibürgerlich verstehende Künstlerboheme. Stefan Zweig: „Wir jungen Menschen aber, völlig eingesponnen in unsere literarischen Ambitionen, merkten wenig von den Veränderungen in unserer Heimat: wir blickten nur auf Bücher und Bilder. Wir hatten nicht das geringste Interesse für politische und soziale Probleme: was bedeuteten diese grellen Zänkereien in unserem Leben? Die Stadt erregte sich bei den Wahlen, und wir gingen in die Bibliotheken. Die Massen standen auf, und wir schrieben und diskutierten Gedichte. Wir sahen nicht die feurigen Zeichen an der Wand."

Ähnlich Arthur Schnitzler, der in seinem Tagebuch notierte: „Ich werde mir nie die Politik einreden lassen. Sie ist das niedrigste und hat mit dem Wesen des Menschen am wenigsten zu tun. ... Gerade, was sie uns einreden will, dass sie für die Massen wichtig ist, ist falsch. Wofür ich mich interessiere, fängt jenseits dieser Dinge an." Für Trotzki waren solche Intellektuelle „unwiederbringlich von der kapitalistischen Industrie aufgesogen". Und wenn sie sozialistische oder anarchosozialistische Auffassungen von sich gaben, war das für ihn ein verschwommenes antibürgerliches Rebellentum, das nichts taugte.

Was unternahmen die marxistischen Theoretiker der Sozialdemokratischen Partei gegen diese Geisteshaltung? Einer von ihnen, Max Adler, glaubte ein Rezept zu haben: Man müsse den „geistigen Arbeitern", die den Sozialismus ablehnen, verständlich machen, dass es sich dabei nicht primär um eine politische, sondern um eine kulturelle Bewegung handle, wie es etwa auch das Christentum war. Von solchem Wunschdenken hielt Trotzki nicht viel. Wenn Sozialdemokraten glaubten, diese Menschen für ihre Partei gewinnen zu können, seien sie naiv. Besonders verachtete er die österreichische Studentenschaft. „Selbst wenn man davon ausgeht, dass der normale 30 oder 40 Jahre alte Philister seine Physiognomie nicht wegen eines problematischen Begriffs der ‚Ehre' zerhacken lassen wird, so tut dies sein Sohn mit Leidenschaft."

Ursprünglich waren Leute wie Lenin, Stalin und Trotzki davon ausgegangen, dass Wien eines der großen potenziellen Zentren des revolutionären Kampfes sein würde. Österreich hinkte zwar bei der Industrialisierung im Vergleich zu anderen europäischen Staaten hintennach, doch in den Wiener Vorstädten qualmten inzwischen die Schornsteine zahlreicher Fabriken und die Sozialdemokratische Arbeiterpartei (SDAP) zeigte allein schon durch ihren Namen die enge Verbundenheit mit der deutschen Schwesterpartei. Sie war von einer zerstrittenen Splittergruppe zu einem geeinten und wichtigen Faktor der österreichischen Innenpolitik geworden und hatte seit den Wahlen von 1897 eine parlamentarische Vertretung, die 1907 noch ausgebaut werden konnte. 1911 war sie stimmenstärkste Partei, 82 Parlamentssitze gingen an sie. Sie war gut organisiert und war in Europa allgemein als Musterpartei anerkannt.

Zu verdanken hatte sie das allein einem Mann. Victor Adler, gebürtiger Prager (1852) und Jude, Humanist, Armenarzt, Patriot und Politiker, war kein Theoretiker des Austromarxismus, sondern ein Mann der sozialdemokratischen Praxis, der sich auf die Erfordernisse der Zeit konzentrierte und daraus die für ihn notwendigen Schlüsse zog. Ohne jedes „Organ für die Theorie" sei er gewesen, sagte er selbst. Das „Kommunistische Manifest" war als Richtlinie in seinem Denken nicht präsent, eher noch als Zukunftsvision. Manches, worüber in seiner Partei heftig, ja bis aufs Blut diskutiert wurde, hielt er für belanglos für die arbeitenden Menschen, für doktrinäre Rechthaberei, intellektuelle Eitelkeit. Er wusste: Konflikte waren in seiner Bewegung unvermeidbar, aber am Ende sollten alle Beteiligten mit erhobenen Köpfen daraus hervorgehen können. Es dürfe keine „Besiegten" geben. Adlers Kurs war einer der Mäßigung und der Kompromissfähigkeit.

Kritik aus Deutschland, von Rosa Luxemburg etwa, lehnte er ab: Sie sei eine „doktrinäre Gans", die sich rechthaberisch überall einmische. Die Abneigung war gegenseitig. Etliche Parteimitglieder beschwerten sich auch über die Haltung der österreichischen Genossen in der Judenfrage: „Ihre eigene Presse hielt es nie für notwendig, bedingungslos dem Antisemitismus entgegenzutreten. Seine Manifestationen im täglichen Leben, in der Presse und in den Gewerkschaften wurden toleriert. Sie zogen es vor, jüdische Fragen entweder zu ignorieren oder sich über die Bedeutung, die man ihnen zuschrieb, lustig zu machen", so der russische Zionist Ber Borochow.

Immer mehr Intellektuelle, sogar Adelige, fühlten sich von der Persönlichkeit Victor Adlers angezogen. Auch Lenin und Trotzki verloren gegenüber Adler nie den Respekt, und dies nicht nur, weil er den russischen Emigranten immer hilfreich zur Verfügung stand. Normalerweise waren sie schnell mit dem Vorwurf des „Verrätertums" bei der Hand, wenn sie jemanden für zu kompromisslerisch hielten. Doch Adlers größte Leistung war anerkannt: Er hatte die Bewegung geeinigt und daraus eine kampf- und schlagkräftige Partei geformt. Um seine demokratische Legitimation als Arbeiterführer musste er sich nicht sorgen. Bei allem Bemühen um die Organisationsfragen hatte er die unmittelbaren Anliegen der arbeitenden Menschen nie übersehen. Schon 1890, bei der Gründung der Zweiten Sozialistischen Internationale in Paris, gehörte er zur linken Prominenz Europas. Bei den ersten österreichischen

1.-Mai-Feiern impfte er seinen Gefolgsleuten den Geist absoluter Gewaltlosigkeit ein: „Der Tag soll heilig sein." Wenn nötig, konnte der nüchterne Adler auch pathetisch werden.

Sein Zwischenziel auf dem Weg in die Zukunft war der Kampf um das Wahlrecht. Die großen Hoffnungen, die Adler auf das Volksparlament gesetzt hatte, waren freilich gescheitert. Er rieb sich auf im Kampf um die Arbeitsfähigkeit innerhalb des Reichsrats, im Kampf gegen die Regierung, die nicht an einem funktionierenden Parlamentarismus interessiert war, und gegen die slawischen Nationalisten, deren Obstruktion die Ausschaltung des Parlaments ermöglichte. Die Sozialdemokraten waren zwar die stärkste Parlamentspartei, aber sie war genauso ohnmächtig wie in der Zeit zuvor. In den sieben Jahren nach 1907 kam kein einziges Gesetz von wirklicher Bedeutung für die Arbeiterklasse zustande.

Wenn Victor Adler von einer Auslandsreise zurückkehrte, wusste er nach eigenen Worten nicht, „ob er in ein Gefängnis oder in ein Irrenhaus zurückgekehrt sei". Österreich befinde sich in einem krankhaften Übergangsstadium, die Zukunft sei ungewiss wie nie zuvor. Die Paralyse des Staates lähme die Arbeiterbewegung. „Die Arbeiter denken, dass in Österreich ohnehin nichts zu machen ist", so der Parteigenosse Otto Bauer, „alle Anstrengungen vergebens sind, und fallen so in eine politische Indifferenz zurück, die die Entwicklung der Partei hemmt. ... Im Ganzen eine recht trübe Situation."

Das sah auch Trotzki so, obwohl er Victor Adler wegen seiner Leistungen und Integrität bewunderte, auch wenn er das später in seinen bolschewistischen Schriften nicht zugeben wollte. Außerdem fand er in ihm einen Freund, Gönner und Helfer. So stand er für ihn „in jeder Hinsicht unvergleichlich höher als seine Mitarbeiter. Doch war er schon lange Skeptiker geworden. Sein Temperament, das eines Kämpfers, hatte sich im österreichischen Getümmel um Lappalien verausgabt. Die Perspektiven waren undurchsichtig, und Adler drehte ihnen manchmal demonstrativ den Rücken zu."

Trotzkis Urteil über die Partei wird zusehends abschätzig, sein Ton bei der Beurteilung der österreichischen Verhältnisse sarkastisch, er spiegelt eine tiefe Ernüchterung wider. Die Wiener Marxisten fand er zwar hochgebildet, aber sie betrieben in seinen Augen revolutionäre Studien, „wie man Jus studiert". Im persönlichen Gespräch traf er auf „unverhüllten Chauvinismus", auf die „Prahlsucht des kleinen Besitzers", auf „heilige Schauer vor der Polizei" und auf „vulgäres Benehmen gegen die Frau". Obwohl er Mitglied der österreichischen Sozialdemokratie war, schreibt Trotzki in seinen Erinnerungen, obwohl er ihre Versammlungen besuchte, an ihren Demonstrationen teilnahm, an ihren Organen mitarbeitete und manchmal kleine Referate in deutscher Sprache hielt, blieben ihm die Führer fremd, war es ihm in sieben Jahren nicht möglich, „auch nur mit einer dieser Spitzen mich offen auszusprechen". Angenommen hatte er, dass er auch hier auf Revolutionäre stoßen würde. Doch mit Erstaunen musste er feststellen: Das waren sie nicht, sie waren ein Menschentypus, der dem des Revolutionärs geradezu entgegengesetzt war. Sie konnten marxistische Aufsätze schreiben und zeigten dann im persönlichen Gespräch negative Eigenschaften, die ihn erschütterten. „Das äußerte sich in allem: in der Art, wie sie an Fragen herangingen, in ihren politischen Bemerkungen und psychologischen Wertungen, ihrer Selbstzufriedenheit – nicht Selbstsicherheit, sondern Selbstzufriedenheit –; mir war mitunter sogar, als vernähme ich schon in der Vibration ihrer Stimmen das Philistertum."

Trotzki war enttäuscht. Es wurde ihm klar, wie fremd ihm diese Männer im Gegensatz zu den deutschen Sozialdemokraten bleiben würden. „Ich begegnete der Blüte des österreichischen Vorkriegsmarxismus, Abgeordneten, Schriftstellern, Journalisten", schrieb er im Rückblick, und es sei zum Abgewöhnen gewesen. Er konstatierte eine psychologische Barriere, die nicht nur auf ideologischen Differenzen beruhte, sondern auch mit dem „spiritus loci" zu tun hatte, dem „lächerlichen Wiener Mandarinentum der Akademiker". Zumindest verbal standen diese auf dem Boden des wissenschaftlichen Sozialismus, manche ihrer Parolen lasen sich wie ein marxistisches Manifest. Doch die Praxis erinnerte ihn „an das Treiben eines Eichhörnchens in einer Trommel". „Im Laufe meines siebenjährigen Aufenthaltes in Wien hatte ich vollauf Gelegenheit, mich mit dem Geisteszustand der leitenden Kreise in der österreichischen Sozialdemokratie bekannt zu machen und erwartete von ihnen weniger als von irgend einer anderen Seite revolutionäre Initiative", sollte er später schreiben. Eher fand er bei Versammlungen oder Maidemonstrationen mit den sozialdemokratischen Arbeitern eine gemeinsame Sprache.

Dabei war er ursprünglich mit „ehrfurchtsvollem Interesse" an seine Gesprächspartner herangetreten, die Sozialdemokraten Otto Bauer, Max Adler und Karl Renner. Vermittelt hatte den Kontakt der marxistische Theoretiker und Ökonom Rudolf Hilferding, der regelmäßig für das SPD-Zentralorgan „Vorwärts" schrieb. Trotzkis anfangs positiver Eindruck von den Österreichern: „Das waren sehr gebildete Menschen, die auf verschiedenen Gebieten mehr wussten als ich. Ich habe mit lebhaftestem, man kann schon sagen mit ehrfurchtsvollem Interesse ihrer ersten Unterhaltung im Café Zentral zugehört." Doch sein Selbstbewusstsein war größer als die Ehrfurcht: Er scheute sich nicht, sich in die Belange der österreichischen Sozialdemokraten einzumischen, wenn er glaubte, es wieder einmal besser zu wissen. So empörte er sich etwa über die Entscheidung der Führung, eine eigene Brotfabrik zu errichten, ein Konkurrenzunternehmen zur erfolgreichen Ankerbrotfabrik, der Wucherpreise vorgeworfen wurden. Die sogenannten „Hammerbrotwerke" wurden 1908/09 von den Architektenbrüdern Gessner in Schwechat errichtet, ihr Emblem war ein roter Hammer in rotem Ährenkranz, und sie mussten natürlich, um erfolgreich zu sein, nach kapitalistischen Prinzipien geführt werden. Zudem machten sie der „Ersten Wiener Arbeiter-Bäckerei" Konkurrenz. „Das war ein großes Abenteuer, prinzipiell gefährlich und praktisch unhaltbar", so Trotzki. Sozialisten konnten nicht ständig bei den Bankiers vorsprechen und um Geld betteln, sie verloren ihren

Ruf, wenn sie sich wie die schlimmsten Kapitalisten auf gewagte Kornspekulationen oder anrüchige Finanzpartner einließen.

Victor Adler und seine Mitarbeiter hatten nur „ein herablassendes Lächeln der Überlegenheit" für den Besserwisser übrig, der sich anmaßte, vor diesem Abenteuer der Partei des Proletariats in der kapitalistischen Gesellschaft zu warnen. Doch Trotzki sollte recht behalten. Das Unternehmen erlitt Schiffbruch und fast wäre, als der Konkurs drohte, auch das Parteivermögen verloren gewesen. Die Fabrik konnte letztendlich an Siegmund Bosel, einen berüchtigten Spekulanten, verkauft werden.

Den Geist der Parteifunktionäre, den Trotzki so sehr zu verachten begann, fand er auch in den Artikeln der „Arbeiter-Zeitung" und er äußerte seine Verachtung 1909 sehr direkt in einem Kommentar in der „Neuen Zeit". Er wandte sich gegen die nationalistischen Untertöne der österreichischen Marxisten, was das gespannte Verhältnis zwischen Österreich und Serbien betraf. Die österreichische Parteiführung war empört über Trotzkis Artikel. Es sei unverschämt von dem in Wien so freundlich aufgenommenen Emigranten, sich derart abfällig über die Partei zu äußern. Trotzki blieb bei seiner Meinung, er hatte die Verhältnisse auch zutreffend wiedergegeben. Das zeigte auch die Reaktion in Belgrad, die mehr als deutlich war. Angesichts der serbenfeindlichen Töne, stellte man dort fest, war es wohl nicht weit her mit der internationalen Solidarität der Arbeiter. Das sei anscheinend nur ein Lügenmärchen. Die Ausrede der Parteiführung, dass die außenpolitischen Kommentare der „Arbeiter-Zeitung" ohnehin nicht ernst genommen würden, erschien ihm erbärmlich.

Einem ungebildeten Arbeiter hätte er eine solche Haltung verziehen, aber nicht der Blüte des österreichischen Vorkriegsmarxismus, Abgeordneten, Schriftstellern, Journalisten. Diese Art von „passiver Aufnahme" verurteilte er aufs Schärfste, von solchen Menschen sei kein revolutionärer Bruch mit den Traditionen und Gewohnheiten zu erwarten. Otto Bauer, der sich diese Kritik nicht gefallen lassen wollte, stellte Trotzki zur Rede: „An einem der nächsten Sonnabende kam Otto Bauer im Cafe an das Tischchen heran, an dem ich mit Klatschko saß, und begann mir streng die Leviten zu lesen. Ich gestehe, dass mich der Schwall seiner Worte fast betäubte." Vermutlich wurde hier der Grundstein für die späterhin unüberwindliche Abneigung gelegt, die Trotzki gegenüber den Ideologen der österreichischen Sozialdemokratie hegte.

Man kann Trotzkis Kritik für überzogen halten. Was ihn von den Kritisierten trennte, war sein Erfahrungshorizont: Er war Exilant und hatte Gefängnis, Straflager und Flucht aus der Verbannung erlebt. Zugleich fühlte er sich kosmopolitischer als die Wiener Clique. Also war sein permanent opponierender Geist nicht gewillt zu schweigen, wenn er Chauvinismus oder Naivität witterte, vor allem im eigenen Lager. Der Einzige, der für ihn echtes revolutionäres Temperament besaß, war Victor Adlers Sohn. Der hochintelligente und ruhelose Friedrich rebellierte immer öfter gegen die väterliche Autorität: „Ich muss mir eben in jeder Sache den Weg gegen Dich bahnen." Gehorsam gegenüber dem Patriarchen war nicht seine Sache. Doch im alten kaiserlichen Wien schienen auch die Roten das hierarchische Denken und die bürgerliche Eitelkeit im Blut zu haben. Da titulierten Marxisten einander mit „Herr Doktor", die Arbeiter redeten die Akademiker oft mit „Genosse Herr Doktor" an. Trotzki machte sich lustig über die Titelsucht der Intellektuellen, Friedrich Adler nannte er „Doktor Fritz", im Unterschied zu seinem Vater Victor Adler, den man in Parteikreisen einfach den „Doktor" nannte, ohne weiteren Namen.

Trotzkis Analyse ist nicht ganz falsch. Die Sozialdemokraten, die sich an die bedingungslose Opposition gewöhnt hatten, waren nun „Reichspartei" und zu taktischen Änderungen gezwungen. Das Protokoll sah vor, dass die neu gewählten Volksvertreter mit Zylinder und im Gehrock in der Hofburg der Thronrede des Kaisers lauschten. Für den linken Flügel war das ein Canossagang, auch die SPD hatte darauf verzichtet, bei Kaiser Wilhelm II. im

Berliner Stadtschloss vorzusprechen, zumindest bis 1912. Adler neigte zu Kompromissen, vielleicht stand ihm der leidgeprüfte Monarch an der Spitze des Staates innerlich irgendwie nahe. Sollte man den alten Mann, der das allgemeine Wahlrecht genehmigt hatte, desavouieren?

Auch als der Abgeordnete Karl Seitz, später Bürgermeister von Wien, zur Audienz befohlen wurde, zerbrach man sich in Parteikreisen die Köpfe darüber, was er anziehen solle. Uniform oder Frack waren üblich, doch dagegen hatte Seitz entschieden Aversionen. Also wählte man den Gehrock, ein bürgerliches Kleidungsstück, das angemessenen Respekt vor dem Throninhaber demonstrierte, aber doch auch sozialdemokratischen Stolz nicht vermissen ließ. Der christlichsoziale Wiener Bürgermeister Karl Lueger sprach daher spitz von der „k. k. privilegierten Sozialdemokratie".

Die positive Einstellung der Sozialdemokratie zum Staat vor 1914 geriet im höchsten Maß in den Verdacht des Opportunismus. Es komme noch so weit, „dass alle vernünftigen Menschen diesen Spitznamen tragen werden", sagte Adler. Man vergebe sich nichts, wenn man sich dem Ziel nur Schritt für Schritt nähere, so komme man auch voran. Man könne nicht das Heu mähen und zugleich wünschen, es auch schon im Speicher zu haben. Seine Kritiker auf der Linken sahen das anders: Opportunismus galt ihnen als eine Sünde wider den Geist des Sozialismus.

Selbst seine Apostolische Majestät, der Kaiser, der vom Sozialismus absolut nichts wissen wollte, hatte sich allmählich an die österreichischen Roten gewöhnt, zumal sie sich bemühten, dem Monarchen einigermaßen adjustiert gegenüberzutreten. So wie sich diese Herren bislang aufgeführt hatten, könne man es politisch mit ihnen durchaus versuchen, meinte Franz Joseph, und so die staatstragende Basis erweitern. Der Adel war ja dieser Aufgabe nicht mehr gewachsen, und das Bürgertum, vom Kaiser längst als Stütze der Gesellschaft wie des Staates akzeptiert, hatte sich mit seinem ausschließenden Klassenverständnis und seinem übertriebenen Nationalbewusstsein als wenig hilfreich bei der

Aufrechterhaltung der Vielvölkermonarchie erwiesen. Was der Kaiser freilich nicht voraussah, war, dass auch die Volksmassen einen starken Hang zum Nationalismus entwickeln würden. Das machte alles sehr kompliziert im alten Österreich. Der Reichsrat war nicht nur senkrecht-sozial, sondern auch waagrecht-national gespalten. Und das wurde zunehmend zum Problem für die Sozialdemokratische Partei. Sie war tatsächlich eine Internationale en miniature, ein Bund autonomer sozialdemokratischer Parteien aller Nationen der Monarchie, vereinigt auf der Grundlage eines gemeinsamen Programms innerhalb einer Gesamtpartei. Dies war ihr Ruhm in der Sozialistischen Internationale. Man bewunderte die österreichischen Genossen dafür, dass sie in ihrem national gespaltenen Reich, in dem die bürgerlichen Parteien sich im Parlament vor aller Augen zerfleischten, eine „einheitliche Masse" bildeten.

Den nationalen Versuchungen konnte auch die Arbeiterklasse nicht widerstehen. Zur Freude der politischen Gegner zeigte sich, dass man in der Sozialistischen Internationale, wenn es um die Nationalitätenfrage ging, nicht an einem Strang zog. Abspaltungstendenzen nationaler Parteien machten Victor Adler bis 1910 wenig Sorgen, doch ab da musste er den „Separatismus" mit der ganzen Energie, die sein geschwächter Körper und sein ungebrochener Geist aufbrachten, bekämpfen.

Der Zerfall begann innerhalb der tschechischen Gewerkschaften, die Bruchlinie verlief zwischen dem „zentralistischen" und dem „autonomistischen" Lager. Ende Oktober 1911 zog sich die tschechische Sozialdemokratie aus der österreichischen Gesamtpartei zurück. Die „kleine Internationale" des österreichischen Sozialismus zerfiel. Mit Anspielung auf den tschechischen Nationalismus sprach Adler von betrüblichen Exzessen. Sein politischer Ziehsohn Otto Bauer sollte ihm helfen, die Risse in der Partei zu kitten. Am Parteitag Ende 1911 in Innsbruck hielt Adler eine flammende Rede, einen Appell zur Versöhnung: Einer, der ihm dabei zuhörte, war Trotzki.

Victor Adler, der so lange dämpfend gewirkt hatte, der „Fanatiker der Parteieinheit" (Otto Bauer), sah sich „an den Marterpfahl der Nationalitätengegensätze gebunden". Sein Lebenswerk war am Zerbrechen. Er bekam Hiebe von allen Seiten. Dabei konnte er die Tschechen ja auch verstehen: „So rasend mich die Tschechen machen, kann ich sie nicht anders, als sie schließlich begreifen: Sie kämpfen für ihre nationale Existenz rücksichtslos. ... Sie waren unterdrückt, das ist wahr."

Wie war auf eine Verständigung der einander bekämpfenden Nationen in Österreich zu hoffen, wenn selbst die Arbeiterklassen der Nationen nicht miteinander reden konnten? Das „Miniaturbild des künftigen Österreich", das nach Adlers Meinung seine Partei darstellte, war am Zusammenbrechen. Seine optimistische Natur sträubte sich dagegen, dass der Riss in der Arbeiterbewegung nicht mehr zu kitten wäre. Doch es war eine Illusion zu glauben, die Arbeiterklasse könne vom Sog der nationalen Leidenschaften unberührt bleiben.

Der Abfall der tschechischen und nicht lange danach der südslawischen und polnischen Sozialdemokraten war ein Symptom der Auflösung der habsburgischen Monarchie in ihre nationalen Elemente. So gesehen beruhte Adlers Kampf um die Demokratie im alten Österreich auf einer Illusion. Er war durchdrungen vom Glauben, die Demokratie könne die Völker mit dem Staat, dem sie eingegliedert waren, versöhnen, durch die Umwandlung in einen Bundesstaat der Nationen. Doch die Nationen sahen sich gegen ihren Willen an diesen Staat gekettet, dessen Existenz ihrer Ansicht nach auf Gewalt beruhte.

Stalins Werk und Wiens Beitrag: Die Nationalitätenfrage

Die wenigen Wochen, die Genosse Stalin bei uns verbrachte, waren ausschließlich der nationalen Frage gewidmet", sagte Olga Weiland, das Kindermädchen der Trojanowskis, sie war „unser einziges Konversationsthema." Meist machte der Gast einen mürrischen Eindruck, arbeitete in seinem Zimmer ganze Tage durch und sprach gelegentlich über seine Vergangenheit. „Hallo, mein Freund", schrieb er an den Genossen Malikowski nach Sankt Petersburg, „vorläufig wohne ich noch in Wien und schreibe irgendeinen Blödsinn. Bis bald." Manchmal wieder heiterte sich seine Stimmung auf, dann legte er seine Verschlossenheit ab.

Man kann es Stalin nicht verübeln, dass ihm mit dem Essay, den er in Wien schrieb, „Der Marxismus und die nationale Frage", kein überzeugender Wurf gelungen ist. Das Thema war auch wirklich sehr störrisch und er dürfte viel Schweiß bei der Arbeit vergossen haben. Außerdem halfen ihm die Wiener Bibliotheken und Buchhandlungen nicht weiter: Stalin konnte nicht Deutsch und war daher auf die Dienste von Nikolai Bucharin angewiesen, auch sein Quartiergeber Alexander Trojanowski lieferte ihm Übersetzungen aus österreichischen Büchern über die Nationalitätenfrage.

Naheliegend wäre es gewesen, Trotzki um Mithilfe an dem Projekt zu ersuchen. Doch dem standen unüberwindbare Animositäten entgegen. Stalin und Trotzki hatten sich bereits während einer Londoner Sozialistenkonferenz 1907 gesehen, auf der es zu einem heftigen Streit zwischen den Delegierten um die terroristischen Aktivitäten, die sogenannten „Expropriationen" bolschewistischer Banden in Russland, kam. Trotzki war strikt gegen solche Kampfmethoden, sie seien unzweckmäßig, stifteten Verwirrung in den eigenen Reihen, was schlimmer sei als der Schaden für die Gegner. Und geriet deswegen auch mit Lenin in Streit. „Während des ganzen Kongresses", so Isaac Deutscher, „wartete ein unbekannter kaukasischer Delegierter, der in naher Verbindung mit den bolschewistischen Kampfgruppen stand, Dschugaschwili, schweigsam auf das Ergebnis der Auseinandersetzungen und auf Lenins Anweisungen."

Das nächste Treffen zwischen Stalin und Trotzki fand dann in Wien 1913 statt, der genaue Tag ist unbekannt, es war Ende Jänner oder Anfang Februar in einer Wohnung in der Kolschitzkygasse 30. Die Begegnung war kurz und unerfreulich. „Ich saß neben dem Samowar am Tisch in der Wohnung von Skobelow ... in der alten Hauptstadt der Habsburger", schrieb Trotzki, „als sich die Tür plötzlich nach einem Klopfen öffnete und ein unbekannter Mann eintrat. Er war klein ... dünn ... Pockennarben bedeckten seine graubraune Haut. ... Ich sah nicht den geringsten Anflug von Freundlichkeit in seinen Augen." Der Fremde, offenbar überrascht über die Anwesenheit Trotzkis, blieb einen Augenblick in der Tür stehen und gab einen grollenden Laut von sich, den man für eine Begrüßung halten konnte. Es war Stalin, der „am Samowar stehen blieb und sich eine Tasse Tee einschenkte. Dann ging er so leise hinaus, wie er gekommen war, und hinterließ bei mir einen sehr deprimierenden, doch ungewöhnlichen Eindruck. Oder vielleicht warfen die späteren Ereignisse einen Schatten auf unsere erste Begegnung." Er erinnerte sich später an „die Animosität, die aus Stalins gelben Augen blitzte", Augen, die ihn frösteln ließen: „Sie funkelten vor Bosheit."

Trotzki stand mit den Bolschewiken nicht auf gutem Fuß. Und nun saß ihm hier in Wien ein unsympathischer Abgesandter Lenins gegenüber, den er nicht in die Geheimnisse seines Denkens einzuweihen gedachte. Und umgekehrt verachtete Stalin Trotzki, den er einen „marktschreierischen Athleten mit falschen Muskeln" nannte. Isaac Deutscher bemerkte dazu, dass „wie in einer griechischen Tragödie lange bevor das eigentliche Drama begann, der Knoten des Verhängnisses durch allerlei zufällige, aber schicksalshafte Ereignisse geknüpft wurde".

Warum gerade Stalin für die Klärung der Nationalitätenfrage ausgesucht worden war, ist offenkundig: Er war Lenins „prächtiger Georgier" und kein Großrusse, also ideal, um die Nationalitäten anzusprechen und zu sammeln. Warum er gerade nach Wien geschickt wurde, ist auch verständlich. Von hier aus wurde ein Gemenge an viel entwickelteren Nationen verwaltet, als es jene in Russland waren. Die Deutschen in Österreich waren eine führende Minorität in einem Meer von Slawen, die national bereits erwacht waren. Doch die österreichischen Marxisten wie Karl Renner und Otto Bauer setzten auf politische Konzepte, die nicht mit dem unmittelbaren Zerfall der Donaumonarchie rechneten. Sie erwarteten eine rasche Demokratisierung und Föderalisierung Österreichs und als Folge die Zuerkennung gleicher national-kultureller Rechte an alle Völker innerhalb des Reichs. Ihr Fokus lag nicht auf der Forderung nach territorialer Autonomie und dem Recht auf Sezession, sondern auf Föderalismus. Also schickte Lenin den Genossen Stalin nach Wien, um die Situation in Österreich zu sichten.

Die Nationalitätenfrage machte den Bolschewisten ordentlich zu schaffen. Mit dem historischen Abstand erkennen wir freilich ihre Scheinheiligkeit. Denn schon vor der Oktoberrevolution war erkennbar: Die Deklarationen und Bekenntnisse zur Legitimität der nationalen Bestrebungen waren nicht mehr als heiße Luft, auch bei Lenin selbst. Nationale Fragen hatten nie prinzipiellen Charakter, nachgewiesen ist das etwa in der ausführlichen Studie von Victor Dönninghaus („Minderheiten in Bedrängnis"). Alle Konzepte über die Gleichberechtigung der Nationen und Völker wurden letztendlich strategischen Überlegungen unterworfen. Dass aber in der nationalen Frage Sprengkraft steckte, war 1913 nicht zu übersehen, nicht nur in Russland. Man sprach vom „Recht der Nationen auf Selbstbestimmung", ohne den Gedanken ernsthaft in Erwägung zu ziehen, dass Russland eventuell in seine Teile zerfallen könnte.

Schließlich lavierte sich der mürrische Georgier aber doch durch das Thema und vermochte an der Oberfläche sogar den Eindruck einer durchdachten logischen Argumentation zu erwecken, durchaus schlau und durchaus subtil. Im Lebenswerk Stalins blieb das der einzige Aufsatz, der eine gewisse wissenschaftliche Systematik und selbstständige Schlussfolgerungen aufweist. Der spätere Volkskommissar für Nationalitätenfragen hat tatsächlich die einzelnen ideologischen Thesen des Bolschewismus zur nationalen Frage zu einem einheitlichen System zusammengefasst. Trotzki hat daher wohl recht, wenn er das auf die Mitarbeit Bucharins bei der Sammlung des Materials zurückführt: „Bucharin, der ganz fraglos ein theoretischer Kopf war, Sprachen und die zum Thema gehörende Literatur kannte und mit den entsprechenden Dokumenten umzugehen wusste." Vor allem die professorale Schreibweise war gar nicht typisch für Stalin. Stalins Theorie, von Lenin überarbeitet und redigiert, wurde offiziell zum Programm der bolschewistischen Partei in der nationalen Frage erhoben.

Liest man die Seiten in Stalins „Gesammelten Werken" aufmerksam, merkt man aber: Manchmal ist er gezwungen, wesentliche Fragen zu umgehen, manchmal findet man Textstellen, die durch ihre stilistischen Abweichungen ganz offenkundig aus diversen Quellen übernommen wurden. Die Sperrigkeit des Themas dürfte ihn regelrecht wütend gemacht haben, zumal schon die Definition einer „Nation" mit Mühsal verbunden war. Er beginnt mit der Feststellung, dass eine Nation weder eine Rasse noch ein Stamm sei. Die italienische Nation war eine Mischung aus Römern, Germanen, Etruskern, Griechen usw., die Franzosen und erst recht die USA hatten ebenfalls heterogene Wurzeln. Und auch seine Heimat wies nicht nur Georgier, sondern eine große Zahl von weiteren Minderheiten, von Abchasen bis Osseten auf, die verschiedene Sprachen und kulturelle Traditionen hatten. Was also war eine Nation, wenn nicht einmal die Georgier die Kriterien erfüllten? Was waren ihre Kennzeichen, wie fand man sie? Ständig ergaben sich Schwierigkeiten.

Abzulehnen war jedenfalls das austromarxistische Konzept der nationalen Kulturautonomie, das die Minderheiten vor Assimilation schützen wollte. Die Zuständigkeit für die Schulen etwa in die Hände der Nationalitäten zu geben würde angesichts des Unterschieds im jeweiligen Bildungsstandard der Völker bedeuten, dass die Divergenzen einzementiert würden. Die Alternative war für ihn die territoriale Lösung der nationalen Frage, nicht Kulturautonomie also, sondern „Gebietsautonomie". Das Zentrum sollte einen Teil seiner Vollmachten an potenzielle Kandidaten für eine Autonomie wie die Ukraine, Litauen und andere abgeben und die wiederum sollten in ihrem Territorium die Rechte der nationalen Minderheiten wie die Verwendung ihrer Sprache in Schule und Verwaltung umsetzen. „Die Minderheiten sind nicht etwa deshalb unzufrieden, weil sie keine nationale Union haben, sondern deshalb, weil sie kein Recht auf die eigene Muttersprache haben", schrieb Stalin. „Gebt ihnen die Möglichkeit, ihre Muttersprache zu nutzen, und die Unzufriedenheit vergeht von allein."

Stalin kommt zum Schluss: Eine Nation muss ein gemeinsames Territorium und das Recht auf eine gemeinsame Sprache haben. Doch je näher man dem Endziel des Sozialismus komme, desto mehr würden die nationalen Barrieren eingerissen, um die Bevölkerung zu vereinen und ihr eine gemeinsame Kultur überzustülpen. Der Gedanke hatte eine gewisse Logik, gefiel ihm aber selbst nicht besonders. Was würden seine georgischen Parteigenossen dazu sagen, wenn man ihnen sämtliche Rechte als Minderheiten wegnahm? So setzte er sich in einem weiteren Teil überhaupt von seinem Thema ab: War die nationale Frage wirklich das wichtigste Problem, gerade im politischen Leben von Russland? War nicht die Agrarfrage viel wichtiger? Und wie sollten die Ziele der Bourgeoisie und die des Proletariats bei der Formierung einer Nation unter einen Hut gebracht werden? Seine Antwort: Es ist unmöglich, von der „Einheitlichkeit aller Mitglieder einer national-kulturellen Gemeinschaft" zu sprechen, weil die Uneinigkeit unter ihnen zu groß sei. So beginnt Stalin Schritt für Schritt den Begriff der Nation so lange zu dekonstruieren, bis nichts mehr davon übrig ist. Das Ziel der Revolution sei die vollkommene Demokratie, und wozu brauche es dann noch eine Nation? So dreht sich die Argumentation im Kreis.

Im letzten Satz des Textes heißt es dann, dass „das Prinzip der internationalen Solidarität der Arbeiter ein wesentliches Element für die Lösung der nationalen Frage" sei. Fazit: Es gibt keine Nationen, es gibt nur die internationale Gemeinschaft der Arbeiter. Schon Marx hatte gesagt: „Arbeiter aller Länder, vereinigt euch!" Für das Fortschreiten der Weltrevolution erschienen die Interessen der kleinen Nationen und Völker bald nur noch hinderlich. „Der Marxismus setzt an die Stelle jeglichen Nationalismus den Internationalismus, die Verschmelzung aller Nationen in einer höheren Einheit", hieß es bei Lenin. Und Lenins treuer georgischer Schüler schloss sich selbstverständlich an: „Natürlich entscheidet eine Nationalität ihr eigenes Schicksal, aber soll das etwa bedeuten, dass die Partei nicht auf Entscheidungen dieser Nationalität hinwirken soll, die den Interessen des Proletariats in größtmöglichem Maße entsprechen?" Anders gesagt: Die bolschewistische Führung verfolgte schon früh eine Nationalitätenpolitik, die ausschließlich die Interessen der Arbeiterklasse berücksichtigte und alle anderen ignorierte. Das konnte man ja auch im „Kommunistischen Manifest" von 1848 nachlesen, wo geschrieben stand, dass in der kommunistischen Gesellschaft die nationalen Unterschiede ebenso wie die Klassengegensätze absterben würden. Damit waren die Pflöcke eingeschlagen und der Weg zu einem zentralistischen Einheitsstaat gebahnt.

Und was war mit den Quellen, die er studiert hatte, den Texten deutscher und österreichischer Sozialdemokraten, die den Nationalismus in ihr soziales Glaubensbekenntnis aufgenommen hatten, weil er als unausrottbar galt? „Mit dem offenen Nationalismus werden wir immer fertigwerden", dekretiert Stalin, „aber es ist viel schwerer, einen Nationalismus zu bekämpfen, der eine Maske aufsetzt, hinter der er nicht erkennbar ist, der sich in der Rüstung des Sozialismus verkriecht und daher schwer zu treffen und hartnäckiger ist." Aber gab es nicht immer Minoritäten und würde es sie nicht immer geben? Ja, aber Konflikte würden nicht mehr ausbrechen, wenn sie sich nicht mehr unterdrückt fühlten, und die Unterdrückung würde ein Ende nehmen, „sobald jeder Nation die vollkommene Demokratie geschenkt wird, denn dann wird es keinen Platz mehr für die Angst geben". Auch hier erweist sich Stalin als gelehriger Schüler Lenins: Ein Problem wird zum Verschwinden gebracht, indem man ihm die Existenzberechtigung abspricht.

Auch das Bekenntnis zu einem föderativen Aufbau des sozialistischen Staates war durch die Umstände diktiert, ebenso das Flirten mit dem Gedanken einer völligen Loslösung der Ukraine. Zugeständnisse waren rein taktisch, alle Entscheidungen hatten vorübergehenden Charakter. Kaum waren die Bolschewiken an der Macht, vollzogen sie in ihrer Haltung gegenüber Unabhängigkeitsbestrebungen eine Kehrtwende um 180 Grad: „Russland kann nicht ohne die ukrainische Zuckerindustrie existieren, das gleiche gilt auch für Kohle des Donbass, das Getreide usw.", hieß es. Gewähren ließ man die separatistischen Strömungen nur so lange, wie die Zentralmacht zu schwach war für eine effektive Kontrolle. 1917/18 wurden Finnland und die Balten unabhängig. Man hatte mit den Deklarationen über das Recht der Völker auf Selbstbestimmung Geister geweckt, mit denen man nicht gerechnet hatte.

Wir kennen die weitere Entwicklung: Von der Revolution im Jahr 1917 über die Deportationen im Zweiten Weltkrieg bis hin zum Zerfall der Sowjetunion spielte die Nationalitätenproblematik eine entscheidende Rolle. Zu Beginn, im Jahrzehnt nach der Oktoberrevolution, war ein Bemühen erkennbar, die ethnische Eigenart der Völker zu bewahren und die Nationsbildung zu fördern. Bewusst wurden ihre Vertreter in die Partei- und Sowjetorgane eingebunden, territoriale Verwaltungseinheiten geschaffen. Warum diese nationalitätenfreundliche Politik verfolgt wurde, ist bis heute umstritten. Man kann davon ausgehen, dass es reiner Opportunismus war, dass die Nationen dadurch in das Sowjetsystem „eingewurzelt" werden sollten. Das war, als die Herrschaft in den 1930er-Jahren gefestigt war, hinfällig geworden.

Es wurde unterschieden zwischen den Titularnationen, die über eigene national-territoriale Verwaltungseinheiten innerhalb der UdSSR verfügten, und den Streuminoritäten, die von Stalin als „fluktuierende nationale Gruppen" bezeichnet wurden. Sie alle gehörten zu den „gestraften Völkern", die ethnischen Säuberungen und Deportationen ausgesetzt waren. Stalins Politik gegenüber den nichtrussischen Nationalitäten wurde zu einem der zentralen Probleme der sowjetischen Geschichte und zum Ausgangspunkt für Konflikte bis heute. Stalin als „Vater der Völker" ist nicht mehr als ein Mythos.

Sein Arbeitsaufenthalt in Wien jedenfalls endete im Februar 1913, der genaue Abreisetage ist nicht bekannt, es muss aber vor dem 13. Februar gewesen sein, da er an diesem Tag in Krakau an einer ZK-Sitzung teilnahm. Bevor sein Artikel in der (legalen) Ausgabe der Zeitschrift „Prosweschtschenije" im März 1913 erschien, war Stalin schon wieder verhaftet worden. Beim Besuch eines Konzerts in Sankt Petersburg stürzte sich die Polizei auf ihn, und diesmal sollte Schluss sein mit der nachsichtigen Behandlung, und zwar für Jahre. Nach dreimonatiger Haft wurde er für vier Jahre nach Turuchansk im hohen Norden der sibirischen Einöde verbannt. Das lag fast tausend Kilometer von der nächsten Bahnstation entfernt. Eine Flucht sollte diesmal ausgeschlossen sein. Dank seiner guten Kondition überlebte Stalin auch diese Jahre.

Das Dröhnen der Automobile: Tito als Testfahrer

Mit dem Beginn des Eisenbahnzeitalters war auch in der wirtschaftlich rückständigen Habsburgermonarchie die Epoche von „Eisen, Stahl und Kohle" angebrochen. Die Dörfer des Wiener Beckens wurden durch die Textilindustrie geprägt, weiter südlich entstanden die regionalen Zentren der Eisen- und Metallverarbeitung. Josip Broz gehörte zu den vielen Zuwanderern, die hier einen Arbeitsplatz suchten. Nach den Daten der österreichischen Unfallversicherung war das Lohnniveau im Umland der Hauptstädte wie Wien oder Budapest um ein Drittel höher als in den übrigen Landesteilen, die Facharbeiter erhielten 80 bis 100 Prozent mehr als unqualifizierte Hilfskräfte.

Mehr als zwei Drittel der Beschäftigten arbeiteten bereits in Großbetrieben. Vor allem Wiener Neustadt hatte in der zweiten Hälfte des 19. Jahrhunderts einen überdurchschnittlich hohen Anteil an Zuwanderern, einen der höchsten der Monarchie. Zu Beginn des 20. Jahrhunderts lebten hier mehr als 32.000 Menschen. Die Fremdarbeiter stellten mehr als drei Viertel der Bevölkerung, sie waren durch die habsburgische Regierung gezielt angeworben worden, hatten ihre meist ländlichen, vormodern geprägten Herkunftskulturen hinter sich gelassen, um in den Industriegebieten ihre Lebensperspektiven neu zu definieren und zu entfalten. Mit ihrem „Dorf im Kopf" suchten sie eine neue Heimat.

Es waren vor allem Arbeiter der Metall- und Maschinenbauindustrie wie der junge Kroate aus Kumrovec. Sie entwickelten ein Selbstbewusstsein, das ihrem Können ebenso wie ihrer körperlichen Stärke entsprang. Anders als in der Textilproduktion, die meist zu Familienzuzug führte, waren die ausschließlich männlichen Facharbeiter der Metall- und Maschinenindustrie Einzelzuwanderer und meist ledig. So war es auch bei Josip Broz. Den Kontakt zur Familie in der Heimat hatte er inzwischen verloren.

Die Lohnarbeit in Fabriken setzte die Trennung von Familie, Haushalt und ursprünglicher Lebenswelt voraus. Gemeinsame Erfahrungen der Arbeiter traten an ihre Stelle und führten zu einem spezifischen Lebensstil, zum Gefühl einer Gruppenexistenz mit eigener Wertorientierung und Verhaltensweise. Einer Arbeiterkultur eben. Sylvia Hahn schreibt dazu in ihrer Studie über „Migranten als Fremde": „Die teilweise Ausgrenzung und Stigmatisierung durch die städtische alteingesessene Gesellschaft, die Obrigkeit und die Behörden, führten bei diesen Arbeitsmigranten zu einem intensiven nachbar- und verwandtschaftlichen wie auch politischen Netzwerk, womit sie sich ihre eigenen Wege und Strukturen des Überlebens und Zurechtfindens in der neuen Umgebung schufen." Die Verbindungen begannen am Arbeitsplatz, in der Lokomotivfabrik, der Gießerei oder Drahtfabrik, und setzten sich nach Feierabend im Wirtshaus oder in den Vereinen fort, vielfach teilte man auch die Wohnungen miteinander. Beinahe jeder dritte Untermieter lernte seinen Vermieter am gemeinsamen Arbeitsplatz kennen. Mancher Maschinenschlosser hatte drei Berufskollegen als Bettgeher in seinem Haushalt. Die überwiegend jungen, ledigen Männer erhielten so nicht nur eine Schlafgelegenheit, sondern fanden gegen Bezahlung auch Frauen, die sie verköstigten oder ihre Wäsche wuschen. Eine sinnvolle ökonomische Austauschbeziehung.

Die Arbeiter merkten, dass sie durch die Arbeit in den Industriebetrieben gemeinsame Erfahrungen hatten: niedrige Entlohnung, Abhängigkeit vom Arbeitgeber, schlechte Arbeitsbedingungen, die in Krisen möglicherweise drohende Arbeitslosigkeit und

Existenzunsicherheit, die Aussichtslosigkeit beruflichen Aufstiegs. Hilfe dagegen boten gemeinsame politische Aktionen, die ohne ein engmaschiges Kommunikationssystem nicht möglich waren. Allmählich gewann die Elite der Facharbeiter in den geschlossenen Industrieregionen an Selbstbewusstsein, sie fühlten sich nicht mehr als die Geächteten in der kapitalistischen Gesellschaft. Mit den vaterlandslosen Gesellen von einst ging eine erstaunliche Metamorphose vor sich. In den Jahren vor dem Ersten Weltkrieg wuchs die frühere „besitzlose Klasse der Entrechteten" allmählich in den bürgerlichen Staat hinein.

Anders war es bei den ungelernten Arbeitern, die aus ländlichen Regionen in die großstädtischen, andersnationalen Industriebetriebe zugewandert waren, und den Beschäftigten, die regelmäßig in das ländliche Milieu ihrer Heimatdörfer zurückkehrten. Sie waren kaum zu organisieren, zum Beispiel durch eine Gewerkschaft, da war es schwer, das Bewusstsein gemeinsamer Klassenzugehörigkeit zu wecken. Ihr Leben war verbunden mit den elementarsten Existenzsorgen, ihre Wünsche richteten sich vor allem darauf, Arbeit zu haben, nicht obdachlos zu sein und Bekleidung und Nahrung zu sichern. Sie empfanden oft Scham wegen ihrer erbärmlichen Lebensweise, ihren kläglichen Ernährungs- und Wohnverhältnissen. Es herrschte ein gewisser Fatalismus, eine Gewöhnung an den Notstand. Schuld waren auch das geringe Bildungsniveau und die soziale Heterogenität dieser Gruppe.

Dazu kam die feindselige Stimmung in der ansässigen Bevölkerung gegen die unruhigen Zuwanderer. Häufig grenzten sich die Wiener Neustädter von den Fremden ab, ledige Arbeiterinnen stießen auf Misstrauen, waren dem Verdacht eines liederlichen Lebenswandels ausgesetzt. „Wir sind die Letzten, die fremden Arbeitern das bisschen Brot, das sie schwer genug verdienen müssen, nicht gönnen würden. Sobald aber Arbeitslose am Ort vorhanden sind, so müssen selbstverständlich diese zuerst berücksichtigt werden", konnte man in einer Wiener Neustädter Zeitung 1902 lesen.

Josip Broz gehörte zu denen, die – wie die aus dem benachbarten Ungarn zugewanderten Arbeiter – abwertend als „Krowoten" bezeichnet wurden. Er begann wieder Briefe an die Mutter zu schreiben. „Was, du bist in Wien?", antwortete die Mutter. „Dann musst du dich mit Martin treffen!" Tito hatte einen sechs Jahre älteren Bruder, Martin, den er seit zehn Jahren nicht gesehen hatte. Er war schon früher aus der Heimat ausgewandert und hatte sich im westungarischen Landesteil der Monarchie niedergelassen, der dann nach 1920 zu Österreich kam und Burgenland genannt wurde.

Martin arbeitete bei der Bahn in Wiener Neustadt, erfuhr er, und wohnte mit Frau und Kind im fünf Kilometer entfernten Neudörfl an der Leitha. Es hieß damals Lajtaszentmiklós, St. Nikolaus an der Leitha. Am Bahnhof von Wiener Neustadt fragte sich Josip durch, gleich der Dritte, den er ansprach, war der gesuchte Bruder. Man rückte zusammen in Neudörfl, im Hintertrakt des Csögl-Hauses (heute Hauptstraße 8) hatten schon an die fünfzehn Bettgeher Unterschlupf gefunden, da kam es auf einen Junggesellen mehr oder weniger nicht an.

Wiener Neustadt hatte sich aufgrund seiner günstigen Verkehrslage zu einem florierenden Industriestandort entwickelt. Durch den Wiener Neustädter Kanal und die Südbahn war man mit Wien verbunden, zugleich lag die Stadt im Einzugsgebiet der Obersteiermark, wichtige Rohstoffe wie Eisen und Kohle lagen somit gleichsam „vor der Haustür". Dank der langen Handwerkstradition im ländlichen Umfeld bot die Stadt ein großes Reservoir an Fach- und Hilfskräften für neue Industrieformen. Langsam lösten so Schwerindustrie, Metallverarbeitung und der Maschinenbau die bis dahin dominierende Textilindustrie ab. Das bedeutendste Unternehmen war eine 1842 gegründete Lokomotivfabrik nordöstlich der Stadt. War die Eisenbahn das gefeierte Symbol für moderne Mobilität gewesen, so traten nun, im 20. Jahrhundert, Auto und Flugzeug an ihre Stelle. 1899 gründete hier die württembergische Daimler-Motoren-Gesellschaft aus Stuttgart gemeinsam mit heimischen Unternehmern eine Firma mit dem komplizierten Namen Österreichische Daimler-Motoren-Commanditgesellschaft Bierenz, Fischer und Co.

Die Produkte des Unternehmens wurden unter dem Markennamen Daimler vertrieben und unterschieden sich kaum von den Lastkraftwagen und Automobilmodellen aus Stuttgart. Richtig Schwung kam in das Unternehmen, als der in Nizza ansässige Geschäftsmann Emil Jellinek mit 40 Prozent Anteilen einstieg: Er ermöglichte durch den Verkauf seiner Mehrheitsbeteiligung an der Marke Mercedes den Neubeginn bei Austro-Daimler. Nun wurden saubere und helle Werkshallen in moderner Stahlbeton-Bauweise errichtet, Hunderte neue Maschinen angeschafft. Es entstand eine moderne Automobilfabrik. Ihr Logo waren stilisierte Doppeladler der österreichisch-ungarischen Monarchie, ein besonderes Privileg, das das Unternehmen nach einigen Siegen bei Rennsportveranstaltungen erhielt.

Jellinek wusste zudem genau, wem er die technische Leitung der Fabrik anvertrauen würde: dem trotz seiner jungen Jahre selbstbewussten und brillanten Techniker und Visionär Ferdinand Porsche. Eigentlich wollte sich Jellinek mit den sturen Schwaben, die ihm nicht innovativ genug erschienen und nicht auf seine Ideen eingehen wollten, gar nicht mehr herumschlagen. Er plante den Bau eines eigenen Automobils in Österreich. Mit Porsches bahnbrechenden Entwicklungen gelangte die Firma tatsächlich zu Weltruhm. Seine Effizienz war ungeheuer: In nur sechs Monaten gelang es ihm, ein völlig neues Automobil zu konstruieren, zu bauen und bei der Automobilausstellung im Februar 1907 in Wien zu präsentieren. Der Typenname war Maja. Emil Jellinek verwendete wie zuvor bei Mercedes den Namen einer seiner Töchter.

Porsches unermüdlicher Schaffenstrieb brachte auch aufsehenerregende Rennwagen, Nutzfahrzeuge, vierradgetriebene Omnibusse, schwere Zugmaschinen und Flugmotoren hervor. 1909 arbeiteten in Wiener Neustadt bereits 800 Arbeiter, bald waren es mehr als tausend. Neue Unternehmen und Zulieferer schossen wie Pilze aus dem Boden, um in dem neuen Markt Fuß zu fassen. Die Fabrikarbeit war nach dem amerikanischen Modell durchrationalisiert. Die angelernten Arbeiter standen in Reih und Glied an ihren Arbeitsplätzen, sie hatten an den einzelnen Stationen pro gefertigtem Teil Stechuhren zu bedienen, um den Akkordlohn bemessen zu können. So wurde für Schnelligkeit und unermüdliche Anstrengung gesorgt. Es gab keinen Grundlohn, die Bezahlung erfolgte rein nach Leistung. Bei Erreichen des Pensums wurde ein hoher, bei Verfehlen ein tiefer Akkordsatz bezahlt. Eine nicht angenehme Arbeitsweise, die Gewerkschaften kämpften im 20. Jahrhundert denn auch für den Stundenlohn.

Je bekannter die Marke Austro-Daimler wurde, desto mehr Bestellungen kamen von prominenten Kunden, vor allem der Sportwagen „Prinz Heinrich" mit Vierzylinder-Motor und 95 PS nach Plänen von Porsche war ein Must-have für reiche Autofreaks. Porsche selbst fuhr damit bei der „Prinz-Heinrich-Fahrt" zum Sieg. Austro-Daimler war zu einer erstklassigen Adresse im Automobilbau geworden und begann sich Schritt für Schritt von der Mutterfirma in Deutschland zu lösen.

Jeden Tag fuhr Josip Broz nun mit der Bahn nach Wiener Neustadt hinein, denn hier, bei Daimler, hatte er eine Anstellung gefunden. Das genaue Datum wissen wir nicht, aber es muss 1910 gewesen sein. Er war also wieder in der boomenden Autoindustrie gelandet. Nichts interessierte ihn mehr. Damals war der Begriff Automechaniker noch nicht üblich, man verwendete den Universalbegriff des „Schlossers". Am stolzesten waren die, die die Autos „einfahren" durften, sie waren privilegiert, und zu ihnen gehörte Broz. Es ging darum, die Fahrtauglichkeit der Motoren zu überprüfen, letzte Einstellungen und kleine Reparaturen vorzunehmen. Die Bedingungen bei den Fahrten waren abenteuerlich, man kann sich das heute schwer vorstellen. Dazu Zeitzeuge Franz Sinzinger: „Der Motor war auf eine Karosserie montiert und der Fahrersitz war wie ein niedriger Sessel auch auf der Karosserie befestigt. Hinter dem Führersitz war eine Werkzeugkiste montiert, so etwas gibt es heute nicht mehr. Als Einfahrer wurden nur Spezialschlosser verwendet, welche den Motor, wie man so sagt, im kleinen Finger hatten. Zu diesen Auserwählten gehörte Josip Broz. Gefahren wurde, was der Motor nur hergeben konnte. Als Strecke wurde die Rennbahn im Werk und auch in der Neunkirchner Allee verwendet. Die Fahrer waren bei einer Panne ganz sich selbst überlassen, es wurden nur die verlässlichsten dazu verwendet."

Angeblich war Tito auch bei der berühmten Alpenfahrt 1912 dabei, der größten Automobilveranstaltung Europas, an der so gut wie alle namhaften Autohersteller des Kontinents beteiligt waren, Austro-Daimler mit zehn Fahrzeugen. Vielleicht saß der kroatische Mechaniker neben Ferdinand Porsche. Denn der liebte diese großen Touren und ließ es sich nicht nehmen, selbst teilzunehmen, es war wie ein Abenteuerurlaub für ihn, wenn es galt, den neuen Modellen alles abzuverlangen. 1912 saß er acht Tage hindurch am Steuer, es ging von Wiener Neustadt nach Triest, weiter über Genua und Nizza über die Pyrenäen nach Spanien und retour.

„Die Alpenfahrten in den Jahren 1911, 1912, 1913 und 1914 waren die bedeutendsten Wettbewerbe von Tourenwagen, die je veranstaltet worden sind, weil unter strengster Aufsicht Forderungen an die Fahrzeuge gestellt wurden, wie sie in früheren Wettstreiten nicht vorgekommen sind", kann man in deutschen und österreichischen Automobilzeitschriften lesen. „An acht Fahrtagen wurden rund 3.000 Kilometer zurückgelegt, der Motor durfte vom Morgen bis zum Abend nicht abgestellt werden, die Wagen mussten im Freien übernachten und sich am Morgen innerhalb einer Minute andrehen lassen. Die Straßen waren die steilsten und die Pässe die höchsten, die sich in den östlichen Alpen zusammenstellen ließen: Katschberg, Kreuzberg, Turracher Höhe, Loiblpass, Wurzenpass usw."

Pro Tag wurden 400 Kilometer zurückgelegt, eine enorme Beanspruchung für Federn und Hinterachsantrieb. Und für die Fahrer. Von 85 Gestarteten kamen schlussendlich 72 wieder in Wien, beim Automobilclub am Kärntner Ring, an. Bei jedem Auto wurde überprüft, ob alle Plombierungen unversehrt waren. Austro-Daimler war neben Fiat die erfolgreichste Marke. Es folgten die nicht enden wollenden Reden bei der Siegerehrung. Ein paar Tage später konnte man in der Urania die bewegten Bilder anschauen, die Alexander Graf Kolowrat gemacht hatte, damals bereits unter dem Logo „Sascha-Film". Die Firma in Wiener Neustadt produzierte in der Folge gleich 200 Stück von dem siegreichen 32 HP „Alpenwagen", auf der Liste der Einkäufer standen mehrere europäische Königshäuser.

Bei fast tausend Mitarbeitern in der Wiener Neustädter Fabrik konnte man nicht davon ausgehen, dass sich der Chefkonstrukteur an einen einzelnen Mechaniker und „Einfahrer" erinnerte. Doch es gibt einen Bericht von Ferdinand Porsches Assistenten Ghislaine Kaes, in dem Tito erwähnt wird. Auf der Rückfahrt vom Pariser Automobilsalon im Oktober 1950 war in den Nachrichten gerade der Name „Tito" zu hören, und Ferdinand Porsche soll sich erstaunt gezeigt haben, was aus dem „Einfahrer" Josip Broz geworden war.

Und Wien? Mit der Haupt- und Residenzstadt verband der in Niederösterreich arbeitende Kroate wie alle die Vorstellung von Wohlstand, Glanz, Prunk, dem Kaiser, dem Hof, von Größe und Weite, im Gegensatz zu den engen Wohnverhältnissen in Untermiete, der dörflichen Enge mit der damit einhergehenden sozialen Kontrolle, die er kannte. „Wenn ich nicht im Dienst war, gab es noch andere Vergnügungen", erzählte er später. „An Sonntagnachmittagen ging ich mit meinen Freunden nach Wien. Normalerweise gingen wir in ein Lokal namens Orpheum, eine Art Varieté mit Zauberern, Clowns und leichter Wiener Musik. Die großen Wiener Kaffeehäuser konnte ich mir nicht leisten, aber ich lehnte mich immer an die Geländer der Freiluftlokale und hörte den Orchestern zu, bis mich der Oberkellner wegjagte."

Leichter war, auch für einen Arbeiter, der Zugang zu den Vorstadtwirtshäusern. Wie es hier am Wochenende so zuging, erzählte Felix Salten in seiner Reportage über den „Herrn Brady", einen

Wiener Schrammelsänger: „Eine Salonkapelle spielt; und wenn sie aufhört, dann singt ein Männerquartett zur Begleitung einer Ziehharmonika, einer Geige und einer Gitarre. Haben die vier Männer ihr Stücklein heruntergejodelt, dann kommt wieder die Salonkapelle dran. Ohne Pause. Und so ist denn der rauchige kleine Saal immerzu von Musik erfüllt. Daran scheint freilich nichts Besonderes zu sein, und man wird es noch nicht begreifen, wie nur ein mäßiges Orchester und vier Natursänger solchen Zulauf finden können."

Hier sitzen sie alle beisammen, hören die Wienerlieder und singen sich die Seele aus dem Leib, die Offiziere und Aristokraten, die Lebemänner und Hofräte, die spießigen Bürgersleute, Kutscher und lebenslustigen Mädchen, die dem feschen Kroaten vom Nebentisch schöne Augen machen. Sie gehörten zum Alltagsleben, zu den Bierhallen und Beiseln. Sie alle sind eine Familie, schreibt Salten über das Wirtshaustreiben: „Jeder ist angeheitert. Ein ernster Mensch, der wie ein Oberlehrer aussieht, oder wie ein kleiner Beamter, und der bisher still vor seinem Glas gesessen, fährt in die Höh', stürmt das Podium, drängt den Kapellmeister zur Seite und beginnt zu dirigieren. Wer weiß, vielleicht verwirklicht er hier zum erstenmal einen Lebenstraum. ... Das ist nun vielleicht sehr stumpfsinnig, es ist albern, wenn man will, und sicherlich ist es sinnlos. Doch alle tauchen kopfüber ein in die Banalität der Gassenhauerweisheit."

Zweimal pro Woche trainierte Josip Broz in einer Turnhalle in Wiener Neustadt, ihn interessierte vor allem das Fechten. Auch eine Tanzschule besuchte er, beim Walzer zeigte er sich talentiert, bei allen anderen Tänzen weniger. Zeitzeugen berichten, dass er ein gutaussehender, großgewachsener Mann war, dem die Frauenherzen zuflogen. Für die Familie hatte er sich in seinem Denken stark verändert. Seine Tante Ana, die er in der Heimat besuchte, erkannte ihn fast nicht wieder: „Sein Gerede, als er mich vor dem Krieg in den Jahren 1912 und 13 besuchte, war heidnisch und auch gefährlich." Er schien ihr in allerlei undurchsichtige

Aktivitäten verwickelt, redete schlecht über die Priester und die Kirche. Wo hatte er nur diese ganzen sozialistischen Ideen her? Auch seine Mutter fühlte, dass ihr Lieblingssohn einen gefährlichen Weg beschritten habe. Alles, was er sagte, überstieg ihr Fassungsvermögen.

„Wird ihnen ihre Lage bewusst", schrieb Max Winter in seiner Reportage über die Wanderarbeiter, „nämlich dass sie die Welt durchwandern, um anderen Reichtümer zu verschaffen, dann stoßen sie alle zur großen Armee, die sich um das rote Banner schart, dann ist auch der Tag nicht mehr fern, an dem auch ihnen Befreiung winkt. Das aber ist das Gute am Wandern. Manch einer kam als ganz anderer im Herbst in sein Dorf zurück, als er im Maien ausgezogen war." Josip Broz, der kroatische Bauernsohn, der zum glühenden Sozialisten geworden war, verkörperte die Widersprüchlichkeit der damaligen Gesellschaft, in der der Kampf für die freie Entwicklung der Völker und der Kampf für die soziale Befreiung der arbeitenden Massen parallel verlief. Progressiv, Demokrat, Sozialist zu sein bedeutete auch, Patriot zu sein, gleichzeitig auch für die Freiheit seines unterdrückten Volkes zu kämpfen.

Im Königreich der Serben, Kroaten und Slowenen, das ab 1929 Jugoslawien hieß, war die Kommunistische Partei (KPJ) die einzige politische Kraft, die nicht nur gesamtjugoslawisch ein-, sondern auch aufgestellt war. Josip Broz, der sich ab 1934 Tito nannte und zu der Zeit ein glühender Stalin-Anhänger war, arbeitete sich in ihr an die Spitze vor. Im Zweiten Weltkrieg ergriffen die slowenischen, kroatischen, serbischen und albanischen Ultranationalisten die Gelegenheit, ihre eigenen politischen Ziele zu verwirklichen. Tito schob der „großserbischen Clique", die die übrigen Nationalitäten zwanzig Jahre lang unterdrückt habe, die Verantwortung dafür zu. 1942 schrieb er: „Der heutige Volksbefreiungskampf und die nationale Frage in Jugoslawien sind untrennbar miteinander verbunden ... das Säen von Hass zu bekämpfen, der Kampf für die Brüderlichkeit zwischen den Völkern sei jetzt die dringendste Aufgabe." Titos Staat sollte eine Bundesrepublik gleichberechtigter Völker sein. Bei dieser Aufgabe war er ganz bei sich, 35 Jahre lang blieb er der Moderator eines mehr oder weniger gedeihlichen Zusammenlebens. Doch Titos Jugoslawien überlebte seinen Schöpfer kaum ein Jahrzehnt.

Pulverfass Balkan: Das Grollen vor der Haustür

Die Turbulenzen auf dem Balkan waren im Wien von 1912/13 das wichtigste Thema in den politischen Zirkeln aller politischen Lager. Trotzki nahm Urlaub von Wien und reiste als Sonderkorrespondent der Zeitung „Kiewskaja Mysl" in die Krisenregion. Hier war die Landkarte in Bewegung geraten: Die Auflösung des Osmanischen Reiches hatte begonnen. Wem würden seine europäischen Provinzen zufallen? Ein Krieg zwischen den Osmanen und dem Balkanbund – Griechenland, Serbien, Montenegro und Bulgarien – tobte. Die Türkei wurde deutlich geschlagen und im Londoner Vertrag zu einem weitgehenden Verzicht auf ihren europäischen Territorialbesitz gezwungen. Der türkische Rückzug erwies sich als Vorspiel zum Ausbruch interner Feindseligkeiten der Balkanbundländer. Die Kunst des Krieges habe er hier kennengelernt, so Trotzki später.

Europa war konsterniert über die Grausamkeit zwischen den Ethnien. Der englische Marineminister Winston Churchill warnte vor einem Krieg zwischen Österreich-Ungarn und Russland. Im österreichischen Generalstab hatte man damit gerechnet, dass das Osmanische Reich den Balkanstaaten militärisch zumindest längere Zeit Paroli bieten werde. Die beste politische Option wäre überhaupt ein türkischer Sieg gewesen, doch es kam anders. Der Sieg der Balkanstaaten binnen wenigen Tagen und der Kollaps der türkischen Armee bedeuteten den Zusammenbruch der bisherigen Balkanpolitik für Österreich-Ungarn. Dementsprechend groß war in Wien die Bestürzung über den Kriegsverlauf und die schockierende militärische Stärke des südöstlichen Nachbarn Serbien. Die Aufrechterhaltung des Status quo auf dem Balkan war nun nicht mehr denkbar, unausgegorene Ideen die Folge. Quer durch die politischen und militärischen Eliten Wiens wurde ein Vorgehen gegen Serbien diskutiert, doch man musste ein russisches Eingreifen als Reaktion befürchten.

Im österreichischen Generalstab wurde die Situation für militärisch beherrschbar gehalten. Überhaupt schien im Moment in Europa kein großer Krieg wahrscheinlich. Welche Großmacht wollte schon das Risiko eingehen, den beträchtlichen wirtschaftlichen Aufschwung des Kontinents auf Jahrzehnte hinaus aufs Spiel zu setzen, ohne einen realen Kriegsgrund zu haben, der die ungeheuren Opfer lohnte? So weit die vorherrschende Meinung im Spätherbst 1912.

Doch mit der Winterkrise 1912/13 war es zu Ende mit der demonstrativen Gelassenheit. Russland zeigte Mobilisierungsvorbereitungen an der Grenze zu Österreich-Ungarn. Drohte ein rascher Überfall? Am Zarenhof gab es eine Kriegspartei, die nicht viel hielt von der k. u. k. Armee, diese würde nach den ersten Niederlagen zerfallen. Die ersten Spitzenbeamten am Ballhausplatz sprachen von der Wahrscheinlichkeit eines Kriegs mit dem Zarenreich. Ein Konfrontationskurs in der serbischen Frage war dem Frieden sicherlich nicht förderlich. Auch Kaiser und Thronfolger waren Gegner eines Krieges. Geduldige Diplomatie war gefragt, Abwarten, ohne Schwäche zu zeigen, bei gleichzeitiger Wahrung der Balkaninteressen. Schwierig. Dass Franz Conrad von Hötzendorf im Dezember 1912, nun zum zweiten Mal, Generalstabschef wurde, war kein pazifistisches Signal. Kurz darauf dichtete ein Generalstabsarzt namens Wenzel Schuller einen Aufruf an die Diplomaten: „O sprecht doch endlich das Erlösungswort! Krieg soll es sein, wir wollen freudig bluten."

Bevor ein Krieg riskiert werde, so der Grundgedanke des Thronfolgers Franz Ferdinand, müsse die politische Stärke des

Habsburgerreiches durch den inneren Umbau der Doppelmonarchie gesichert werden. Denn da war ja auch noch die Slawenfrage. Noch seien die Slawen, hörte man im Generalstab, verlässliche Soldaten, aber falls Serbiens Macht und Attraktion für die südslawischen Teile der Monarchie nicht gebrochen werde, sei es auch um die Zuverlässigkeit von großen Teilen der Armee geschehen. Gerade weil fast die Hälfte der Soldaten Österreich-Ungarns Slawen seien, müsse die Monarchie hier mit Fingerspitzengefühl vorgehen. An die Parole eines „Kampfes zwischen Germanentum und Slawentum", die man in Berlin mitunter hörte, sollte man gar nicht erst denken.

Offenkundig war auch, dass Deutschland keinen Großmachtkrieg für die Balkanpolitik Österreichs-Ungarns führen wollte, solange aus Berliner Sicht nicht vitale Interessen des Habsburgerreiches auf dem Spiel standen. Die „elenden Ziegenweiden" Serbiens waren weder für den deutschen Kaiser noch für den österreichischen Thronfolger einen Krieg wert. Von Hötzendorf sprach wiederholt beim Kaiser vor, „dass mit Serbien abgerechnet werden muss". Doch „Seine Majestät hat die alten Bedenken gesagt, vor allem Furcht vor den Russen und dass dadurch ein Weltkrieg herbeigeführt wird". Offensichtlich wollte der Kaiser nicht eingehen auf den Plan des Generalstabschefs, sich in einem Zweifrontenkrieg zuerst nach Südosten und dann nach Nordosten zu wenden, abgesehen davon, dass es auch aus monarchischer Sicht nicht plausibel war, als Kaiser von Österreich den russischen Zaren vom Thron zu stoßen. Franz Joseph meinte, „es sei die Pflicht des Monarchen, den Ländern den Frieden zu bewahren". Für Generalstabschef von Hötzendorf war das „timide" Politik. Er drängte den Kaiser zu einem Präventivkrieg gegen Serbien, der ihm als Allheilmittel galt.

Die intrigante Kriegspartei, zu der auch der Außenminister, Leopold Graf Berchtold, gehörte, gewann allmählich an Einfluss bei Franz Joseph. Sie hielten den Waffengang für unvermeidlich, weil sie ihn wollten. Irgendeinen Anlass musste es doch geben. „Umso gebieterischer tritt an die Monarchie die Notwendigkeit heran, mit entschlossener Hand Fäden zu zerreißen, die ihre Gegner zu einem Netze über ihrem Haupt verdichten wollen", schrieb Berchtold an den deutschen Verbündeten am 5. Juli 1914. Das sei schon länger die vorherrschende Stimmung gewesen: Krieg und Erstschlag statt Diplomatie.

Ganz anders die Einschätzung des Thronfolgers: Franz Ferdinand wurde wegen seiner Pläne für die südslawischen Länder von Russen und Serben gehasst. Er mag ein Waffennarr und manischer Jäger gewesen sein, ein Kriegshetzer war er nicht. Nicht Pazifismus und Humanismus leiteten ihn an, beides war ihm fremd, es war eher die realistische Einschätzung der militärischen Kapazitäten und außenpolitischen Möglichkeiten Österreich-Ungarns. „Hoffentlich geht dieser Sturm wieder vorüber und brauchen wir uns nicht aktiv einzumischen", schrieb er am 1. Oktober 1912 an Außenminister Berchtold. „Es schaut gar nichts dabei heraus und kostet nur eine Unsumme Geld. Sollen sich diese Kerle gegenseitig die Schädeln einhauen; wir schauen ihnen in der Loge zu." Was hätte die Monarchie davon, wenn sie die Serben über den Haufen rannte? „Ein total verschuldetes Land, gepfropft mit Königsmördern und Spitzbuben etc. ... Nur einen Haufen Diebe und Mörder und Halunken mehr, und ein paar Zwetschkenbäume."

Auch die Warnungen der österreichischen Sozialisten wurden immer lauter: „Was geht nur vor? Will man Österreich-Ungarn in einen Krieg hineinführen? ... Unter keinen Umständen darf der Balkankrieg auch unser Unheil werden", hieß es im unsignierten Leitartikel der „Arbeiter-Zeitung" vom 11. Oktober 1912. Er stammte wohl von Victor Adler selbst. Und zwei Tage später hieß es, dieser Konflikt sei nicht die Knochen eines einzigen österreichischen Arbeiters wert. Am 14. Oktober fand in Wien eine große Kundgebung der Sozialdemokratischen Partei „Gegen die Kriegshetzer" statt, mit dem „Doktor" als Hauptredner. Adler glaubte an die reale Gefahr eines kontinentalen Krieges und hielt die Erklärungen der Regierungen, sich um Frieden zu bemühen, für wenig glaubwürdig.

Bei einem außerordentlichen Kongress der Sozialistischen Internationale im neutralen Basel am 24. November 1912 hielt Adler die wohl eindrucksvollste Rede seiner politischen Laufbahn. „Keines der zwölf Völker, die in Österreich-Ungarn zusammengekoppelt sind, hat von einem Krieg, wie er jetzt losbrechen will, etwas zu erwarten. ... Sicher ist, dass selbst ein siegreicher Krieg neben dem Massenelend, das er sicher mit sich bringt, für das Staatsgefüge Österreichs den Anfang vom Ende bedeuten würde. Österreich hat in der Welt nichts mehr zu erobern, ohne dass es zersprengt wird." Das Baseler Manifest wurde in allen demokratischen Ländern Europas veröffentlicht, nur in Österreich-Ungarn wurde die Verbreitung vorerst untersagt, unter dem Vorwand, es enthalte einen Aufruf zum Hochverrat. Man witterte dahinter eine Kampagne gegen eine Erhöhung des Heeresetats. Schließlich wurde es als Flugblatt verbreitet. Aus Russland kam von den Sozialdemokraten in der Duma eine Solidaritätsbotschaft an die Wiener Genossen. „Wir weisen mit leidenschaftlichem Abscheu jeden Gedanken eines Krieges zwischen Österreich und Russland zurück." Am Tag nach seiner Rückkehr aus Basel setzte sich Victor Adler in zwei Reden mit der Kriegspartei im Land auseinander, eine davon hielt er im Parlament, sie dauerte über eine Stunde. Jeder Satz war durchtränkt von bitterer Ironie. Sarkastisch analysierte er die Absurdität der Kriegspolitik der Regierung.

Ja, es stimmte: Am Ballhausplatz in Wien wurde der Ausgang der Balkankriege als Demütigung empfunden. Serbien, der Erbfeind, hatte die größten territorialen Gewinne erzielt. Die Forderungen nach einem Präventivkrieg gegen Belgrad wurden immer lauter, ging man doch davon aus, dass ein starkes Serbien zum Zentrum irredentistischer Agitation werden würde. Diese Ahnung trog nicht. Doch eine letzte Chance erhielt der Frieden noch. Eine Botschafterkonferenz der Großmächte legte die Grenzen auf dem Balkan fest – zur Unzufriedenheit aller. Victor Adler aber war zufrieden, er glaubte, sich durchgesetzt zu haben, seine Idee von der Erhaltung des Friedens schien die Oberhand behalten zu haben. Doch die Balkankrise hatte ihn physisch und psychisch aufgerieben. Er war ein müder, alter und schwerkranker Mann geworden, ein „Pensionär", nach seiner eigenen Diktion. Herz und Lunge begannen allmählich zu versagen, Kurbehandlungen linderten seine Beschwerden nur vorübergehend, „dann klappe ich wieder zusammen". Mit Mitte fünfzig war er ein Wrack. Dass ihm die schwerste Zeit noch bevorstand, konnte er 1913 nicht wissen.

In der Nacht vom 24. auf den 25. Mai 1913 erschoss sich in einem Hotelzimmer in Wien der Generalstabschef des 8. Korpskommandos in Prag, Alfred Redl, ein allseits geschätzter Offizier. Aus der Bestürzung wurde Entsetzen, als die Öffentlichkeit von der Spionagetätigkeit des Obersten erfuhr. Was hatte er verraten und mit welchen Folgen? Schließlich befand man sich 1913 am Rand eines kriegerischen Konflikts. Der Schock saß tief, beim Kaiser ebenso wie in militärischen Kreisen. Der Mann hatte „das Ehrenkleid der glor- und ruhmreichen Wehrmacht" in unvorstellbarer Weise „geschändet". „Das also ist die neue Zeit? Und das die Kreaturen, die sie hervorbringt?", soll der betagte Monarch ausgerufen haben.

Die schockierte Öffentlichkeit wurde nach dem Suizid Redls Tag für Tag mit Neuigkeiten konfrontiert. Sie wusste nicht, dass dieser bereits lange verdächtigt wurde, im Dienst der Russen zu stehen. Aufgrund einer anonymen Anzeige war er schon im Winter 1912/13 in Verdacht geraten. Er hatte durch geheime Zahlungen ein Vermögen von einer Million Kronen angehäuft. Damit beglich der homosexuelle Lebemann seine horrenden Schulden und finanzierte ein Luxusleben mit Champagnergelagen, mehreren Reitpferden und zwei Automobilen inklusive Chauffeur.

Am 24. Mai 1913 ging er in die Falle: Mittels eines fingierten Briefes wurde er zu einem Rendezvous mit einem Agenten gebeten, einem Spion im Dienst des Zarenreichs. Politische Kräfte hatten ein Interesse daran, dem in Lemberg geborenen k. u. k. Offizier, der fließend Deutsch, Polnisch und Ruthenisch sprach, nationalistische, „antideutsche" Motive zu unterstellen. Doch die Verhörprotokolle zeigten, so Verena Moritz und Hannes Leidinger in ihrem Buch „Oberst Redl", wie in anderen Spionagefällen auch die banale Erkenntnis: Triebfeder für Verrat und Spionage waren hauptsächlich Verschuldung und/oder Geldgier. Denn finanziell geordnet waren die Privatverhältnisse vieler k. u. k. Offiziere ganz und gar nicht. Es erging ihnen wie der Armee insgesamt.

Redls Verrat der Aufmarschpläne an Russland hatte die Donaumonarchie in eine gefährliche strategische Lage gebracht. Dass an den Plänen der Armeeführung keine Änderungen vorgenommen wurden, zeugt von einer „Unterschätzung des Schadensfalles durch hohe Befehlshaber" (Moritz/Leidinger). „Gleichzeitig gerät speziell das Wien um die Jahrhundertwende in ein schiefes Licht: Zwischen dem Glanz der Paläste und dem Gestank der Gosse tummelt sich eine zukunfts- und orientierungslose Masse, die Ablenkung im Vergnügen sucht und moralische Grundsätze zum eigentlichen Luxus erklärt." Die Skandalfiguren seien „Opfer ihrer Leidenschaften, gehetzte, vom Schicksal verkrümmte, im Grunde gepeinigte Existenzen. Bilder aus den Stücken und Romanen Arthur Schnitzlers drängen sich auf."

Als Trotzki im Jänner 1913 nach Wien zurückkehrte, wusste er weit mehr als andere europäische Sozialdemokraten über den Brandherd Balkan Bescheid. Ihm war klar, dass der Nationalismus in Südosteuropa enorm gefährlich war, dass er das Potenzial hatte, den ganzen Kontinent zu bedrohen. Die Region erschien ihm wie ein Irrenhaus, ein Krieg zwischen Österreich und Serbien unabwendbar, Europa drohe, in Militarismus und Imperialismus unterzugehen. Die europäischen Sozialisten müssten zueinanderfinden, statt ihre nationalen Regierungen zu unterstützen, denn dieser Weg führe ins Verderben. Der Abstecher in den Kriegsjournalismus hatte ihn aufgeweckt und mehr denn je zuvor verfluchte er die Spaltung der russischen Sozialisten. Sie trage den „giftigen Keim der eigenen Auflösung" in sich. Doch selbst seine Frau Natalja warnte ihn vor der Aussichtslosigkeit seiner Einheitsbestrebungen.

Noch einmal zeigte er sich im Juli 1914 entsetzt über die Haltung der Wiener Sozialdemokraten. „Die einen frohlockten offen, besudelten die Serben und Russen, ohne viel Unterschied zwischen Regierung und Volk zu machen." Julius Deutsch sprach ihm gegenüber offenherzig von der Unvermeidlichkeit des Krieges, der Österreich endlich vom serbischen „Alpdruck" befreien würde. Andere wie Victor Adler „verhielten sich zum Kriege wie zu einer Naturkatastrophe, die man überstehen müsse". Trotzki bestürmte den Parteivorstand, den Generalstreik zu proklamieren. Doch es herrschte die Meinung, die österreichische Arbeiterbewegung sei in der gegebenen Situation ohnmächtig. Dass 1914 auch viele Intellektuelle und Künstler den nationalistischen Taumel und die Kriegsbegeisterung mittrugen, überraschte den Marxisten Trotzki mit seiner illusionslosen Erwartungshaltung ohnehin nicht, so Julijana Ranc in ihrer Studie über „Trotzki und die Literaten". Intellektuelle waren für ihn „in erster Linie unsichere Kantonisten, die sich sowohl als potentielle Verbündete als auch als potentielle Verräter erweisen konnten", resümiert sie. Andere hingegen fielen aus allen Wolken. Das gilt nicht nur für Österreich, auch in Deutschland, dessen politischem und literarischem Leben Trotzki näherstand, waren klare politische Stellungnahmen vor dem Ersten Weltkrieg singulär.

Einen Monat später begann Europa vom Marschtritt der Truppen und dem Lärm rollender Züge zu erdröhnen. Damit war das friedliche Leben der Familie Trotzki in Wien unmöglich geworden. Denn nun ging es nicht mehr nur um eine der gewohnten Streitigkeiten auf dem Balkan, die in den vergangenen Jahren immer mit irgendwelchen Kompromissen beigelegt worden waren. Die Beschreibung Wiens an diesem schicksalhaften 1. August ist die einzige Passage in Trotzkis Erinnerungsbuch, in der er über seine politischen Anschauungen und familiären Belange hinaus festhält, wie er die Stadt und das Volk erlebt hat: „Ich wanderte durch die Hauptstraßen des mir so gut bekannten Wien und beobachtete die für den prunkvollen Ring so ungewöhnliche Menschenmenge, in der Hoffnungen lebendig wurden. Und hatte sich ein Teilchen dieser Hoffnungen nicht schon heute verwirklicht?

Hätten sich zu einer anderen Zeit die Gepäckträger, Waschfrauen, Schuhmacher, Gehilfen und die Halbwüchsigen der Vorstadt auf der Ringstraße als Herren der Lage fühlen können? Der Krieg erfasst alle, und folglich fühlen sich die Unterdrückten, vom Leben Betrogenen mit den Reichen und Mächtigen auf gleichem Fuße. Das soll nicht paradox genommen sein, dass ich in der Stimmung der Wiener Menschenmenge, die zum Ruhme der habsburgischen Waffen demonstrierte, jene Merkmale wiederfand, die ich von den Petersburger Oktobertagen 1905 her kannte. Ist doch der Krieg in der Geschichte häufig der Vater der Revolution gewesen."

Am 2. August 1914 erklärte auch Deutschland dem russischen Zarenreich den Krieg und Trotzki war als russischer Untertan in der heiklen Lage, mit seiner Familie in einem Staat zu leben, der mit dem kaiserlichen Deutschland verbündet war. Wie würden die Wiener Behörden mit russischen Emigranten wie ihm verfahren? Am Tag darauf ging er zu seinem Freund Friedrich Adler in die Redaktion der „Arbeiter-Zeitung", wo er auch dessen Vater Victor Adler traf, der einen „Massenwahn" voraussagte: Der Krieg würde zu einer nationalistischen Aufwallung in der gesamten Gesellschaft führen. Dass Trotzki ein Kritiker des Zaren war, würde ihn nicht beschützen. Am selben Tag gab es eine Proklamation der österreichischen Regierung an die Bevölkerung, in der diese zur Beobachtung aller verdächtigen Ausländer aufgefordert wurde. Übergriffe auf russische Staatsbürger durch den Pöbel auf der Straße waren nicht mehr auszuschließen. Für Trotzki stand fest, dass auch die österreichischen Sozialdemokraten vor diesem Ausbruch von Chauvinismus nicht gefeit sein würden. Die Feiertagsstimmung auf den Straßen Wiens war ihm nicht entgangen.

Auf Wiener Zäunen standen Aufschriften wie „Alle Serben müssen sterben". In der Weinberggasse, in dem Grätzel, in dem Trotzki und einige seiner Bekannten wohnten, rottete sich eine Menge zusammen, die unter Absingen patriotischer Lieder und viel Geschrei gegen die Anwesenheit von Russen in Wien demonstrierte. Es wurden Aufforderungen laut, bei den Trotzkis die Fenster einzuschlagen und die Bewohner herauszuholen. Die beiden minderjährigen Söhne Trotzkis waren in dem Trubel und riefen mitten in dem „Serbien muss sterbien"-Geschrei aus ererbter Oppositionslust angeblich „Hoch Serbien!" Die Wut der Menge richtete sich in der Folge – so zumindest eine hübsche Anekdote – gegen die unerschrockenen Knirpse und sie wären möglicherweis übel zugerichtet worden, wenn sie nicht der Branntweiner Frankl, der Trotzki mochte, in seinen Laden gezerrt hätte.

„Am 3. August, morgens, begab ich mich in die Wienzeile, um mit den sozialistischen Deputierten zu beraten, was wir russischen Emigranten tun sollten." Victor Adler begleitete ihn zum damaligen stellvertretenden Polizeipräsidenten Edmund von Gayer. Gayer war auch mit der Leitung des Sicherheitsdienstes für Kaiser Franz Joseph und dem Fall Redl betraut, später wurde er Innenminister. Er legte Trotzki nahe, mit seiner Familie in die Schweiz zu reisen. „Unbedingt – und je schneller, desto besser." Man hatte bei den Behörden keine Lust, die Arrestzellen mit politischen Gefangenen zu füllen, und empfahl ihm daher, sich heimlich aus dem Staub zu machen. Die Situation wurde unberechenbar, es drohte die sofortige Verhaftung. Trotzki informierte seine Familie und packte in aller Ruhe die Koffer. Um 1.40 Uhr desselben Tages saßen sie in dem Zug, der sie in die neutrale Schweiz brachte. An der Rückwand des Bahnhofs, an dem sie wegfuhren, war auf einem großen Transparent, mit roten Buchstaben auf gelbem Hintergrund, zu lesen: „Jedem Ruß – ein Schuß!"

Natürlich war keine Zeit für eine behördliche Abmeldung. Ausstehende Schulden in Wien sollten nie bezahlt werden. Der Hausherr hielt sich an den zurückgelassenen Möbeln schadlos für den Mietrückstand. Am 4. August 1914 traf Trotzki in Zürich ein, das bereits mit Flüchtlingen überschwemmt war. Seine Wohnung in Wien stand bis 1916 leer. Der Nächste, der einzog, war wieder ein Russe, ein Kleinadeliger, der wenig Sympathie für die Bolschewisten hatte. Er fand in einem Kamin versteckt ein großes Paket von Schriften und Briefen Trotzkis, in einem Hohlraum in der Mauer eine Unzahl weiterer Papiere. Trotzki dürfte vor seiner hastigen Abreise die Zeit gefehlt haben, um sie zu vernichten oder in Sicherheit zu bringen. Aus Angst, kompromittiert zu werden, verbrannte der neue Bewohner alles, was er fand. Somit waren die letzten Spuren des großen Revolutionärs in seiner Wahlheimat Wien dahin.

Zum Anekdotenschatz rund um Trotzkis Wiener Zeit gehört auch die angebliche spätere Begegnung des mittlerweile zum Volkskommissar aufgestiegenen Trotzki mit dem erwähnten Spirituosenhändler Frankl, der in russische Kriegsgefangenschaft geraten war. Frankl soll gesagt haben: „Ja kennen S' mi denn net, i bin der Frankl von der Rodlergasse. Se san man no a Flaschen Likör schuldig." Trotzki soll diese Schuld, so die „Arbeiter-Zeitung" vom 18. August 1990, durch die frühzeitige Entlassung Frankls in die Heimat beglichen haben.

Wer nach Dokumenten von Trotzkis Wiener Aufenthalt sucht, muss sich mit einem Meldezettel im Rathausarchiv begnügen. Ansonsten findet sich in den Archiven Wiens keinerlei Hinweis darauf. Im Österreichischen Kriegsarchiv existiert ein Aktenkonvolut, das die Überwachung von als Anarchisten geltenden Personen dokumentiert. Allerdings erstreckt sich diese „Anarchistenkartei" nur auf Angehörige der österreichisch-ungarischen Streitkräfte. Es bleibt nur die Vermutung, dass sämtliche Berichte in der Zeit der sowjetischen Besatzung Wiens abtransportiert wurden. Das Haus in Sievering steht noch, trumpft aber nicht mit einer Gedenktafel auf wie jenes, in dem Stalin wohnte. Die Straßentafel „In der Krim" ist keine Anspielung auf die russisch-ukrainische Geschichte, sondern eine Verballhornung des Namens eines legendären Sieveringer Gastwirts namens Grimm.

Die „Revolutionäre des Bösen" und ihre Wiener Zeit

Warum ein Mensch aus freien Stücken ein bürgerliches Leben aufgibt, Berufsrevolutionär wird bzw. eine extreme Laufbahn einschlägt und sogar Leib und Leben dafür riskiert, kann auf charakterliche Dispositionen zurückgeführt werden. Doch ohne den historischen Kontext zu berücksichtigen, ohne das persönliche Umfeld und kulturelle Prägungen zu analysieren, wird man nicht weiterkommen. Im Fall unserer vier Hauptpersonen spielt das Wien in der Zeit vor dem Ersten Weltkrieg eine unübersehbare Rolle.

1914 ging eine der fruchtbarsten Perioden der europäischen Geistesgeschichte zu Ende. Wiens Kulturleben als Folge des Urbanisierungsschubs war vergleichbar mit einem „chemischen Laboratorium" (Reinhard Kannonier), stand unter dem Druck äußerer Einflüsse und entwickelte eigene Reaktionen darauf. Die Folge waren Geisteskämpfe in all ihren Spielarten. Ein Blick durch eines der Glasfenster in einem Ringstraßencafé zeigte das gewohnte Bild, aber auffällig war die heftige Erregung. Man sah hier etwa, wie ein Wiener Arzt, eine ungarische Künstlerin, ein russischer politischer Emigrant und ein jüdischer Journalist über die Psychoanalyse diskutierten und eine Synthese zwischen Marx und Freud herzustellen versuchten, während am Nachbartisch ein Maler und seine Muse, sagen wir Oskar Kokoschka und Alma Mahler, leidenschaftlich über die Musik von Igor Strawinsky und die Tanzorgien der Ballets Russes und ihres Stars Vaslav Nijinsky stritten.

Merkte man in Wien eigentlich, dass eine alte Welt gerade aus den Fugen ging, dass man am Vorabend einer Katastrophe stand? In Hunderten von Kaffeehäusern unterhielten sich 1913 Intellektuelle miteinander, ohne an eine grundlegende Veränderung der Verhältnisse auch nur zu denken. Es war daher naheliegend, dass auch die Diskussionen des marxistischen Zirkels im Café Central von den Behörden als ungefährliches Geschwätz eingestuft wurden. Aber für einen hellen Kopf wie Trotzki war die Themenbreite, die hier abgehandelt wurde, beeindruckend und bereichernd. Merkbar war das allein schon an seinen Beobachtungen zur modernen Kunst, er schrieb: „Das Leben wurde zu einem rastlosen Wirbel. Das Beständige, Unveränderliche, Dauerhafte hat sich spurlos aufgelöst."

Die Kehrseite dieser Dynamik war die Angst, gesellschaftlich abgehängt zu werden, mit dem Fortschritt nicht mithalten zu können. Der Zug, in dem man saß, war zu schnell unterwegs, und man fühlte sich in ihm eingeschlossen und wusste nach Max Weber nicht, ob seine Weichen gestellt waren. Männer fühlten sich in ihrer Position bedroht, so wie die Militärmächte einander argwöhnisch beäugten. Die Unsicherheiten zogen sich wie klaffende Risse durch die Gesellschaft und verhinderten einen optimistischen Blick in die Zukunft. Am Vorabend des Ersten Weltkriegs war die Sicherheit entgegen der erinnerungsseligen Rückschau Stefan Zweigs schon ein seltenes Gut. An ihre Stelle trat ein nervöses Abwarten.

Das konzentrierte sich vor allem in Wien, der Stadt, in der das Gespür für Identitätsfragen verfeinert war wie nirgends sonst. Hier lagen die Nerven blank. Nach amtlichen Statistiken war Wien 1913 die zweitgrößte tschechische Stadt Europas, mehr als hundert Vereine sorgten für ein ethnisches und kulturelles Netzwerk. Mit ihren Trachten waren viele Zuwanderer im Stadtbild gut erkennbar, Multikulturalität vermittelte sich auch optisch und sinnlich, das galt auch für den nicht assimilierten Teil der jüdischen Bevölkerung. Das wiederum rief die

Nationalisten und Rassentheoretiker auf den Plan. Für sie war das „Völkergemisch" unheimlich und bedrohlich. Ihre pseudowissenschaftliche Herleitung von biologischen Ursprüngen negierte die Macht der Vernunft, die höherstehende Rasse, zu der immer sie gehörten, ließ kein Gegenargument zu. Die Sozialisten, die Vertreter der urbanen Arbeiterklasse, wollten die Gesellschaft insgesamt revolutionieren, nicht ihre Teile segregieren.

Die Protagonisten dieses Buches erlebten diese Spannungen im Wien von 1913 mit, sie wurden, teils mehr, teils weniger, davon betroffen und geformt. Ihre ideologischen Weichen waren bereits gestellt, es waren Nationalismus, Rassismus und Sozialismus. Das half ihnen, die eigenen Enttäuschungen und Frustrationen in den Kontext der großen Menschheitsfragen zu stellen, sie nicht als individuelles Schicksal zu deuten, sondern als Ausdruck gesamtgesellschaftlicher Missstände. Das Milieu, in dem sie sich in Wien bewegten, vermittelte neue Lebenserfahrungen, verschaffte ihnen nützliche Kontakte und stiftete ein Gefühl von Gemeinschaft und Solidarität. Ab nun ordneten sie ihr gesamtes privates und berufliches Leben der politischen Mission unter.

Wie alle Revolutionäre waren sie überzeugt, dass das, was sie im Leben erreichen wollten, nicht ohne fundamentale Veränderung der ganzen Gesellschaft erreichbar war. Florian Illies schreibt, dass sie „Statisten ohne eigenen Text im großen Schauspiel Wien um 1913" waren. Das stimmt nicht. Sie hatten bereits begonnen, an ihrem Text zu arbeiten. Sie wussten, wo sie standen. Fieberhaft saßen sie über ihren Manuskripten, Magazinen und Büchern, sie saugten Wissen auf, zogen bei langen Spaziergängen in der Stadt ihre Bahnen, dachten nach, murmelten wohl auch vor sich hin, kamen zu extremen Schlussfolgerungen. Waren sie erst einmal an der Macht, würden sie sie realisieren. Man kann den Beginn des Zeitalters der Extreme, wie das 20. Jahrhundert oft genannt wird, in das Wien von 1913 datieren.

Es ist auch die Stadt, in der ein junger kroatischer Metallarbeiter wie Josip Broz zu sich selbst findet, in der er seine in ihm schlummernden Talente entwickeln kann, wie das Debattieren und das Organisieren, in der er zu neuen Erfahrungen vorstößt, mit denen er die Grenzen seiner sozialen Herkunft überschreitet und seinen Horizont erweitert. Noch als Sechzigjähriger, inzwischen längst Staatspräsident der Volksrepublik Jugoslawien, wird er sich bis ins Detail an die Zeit erinnern, auch wenn er später, als er an der Macht war, sagte: „Revolutionäre haben keine Biografie."

Manchmal ging er auch die Prachtstraßen entlang. Doch ihn interessierte nicht wie Hitler das Museum historischer Architektur, zu dem die Ringstraße geworden war, er registrierte vielmehr mit Kennermiene das Automobil, mit dem der österreichische Thronfolger in der Stadt herumkurvte. Josip Broz blieb bis zu seinem Militärdienst Anfang 1913 in der Nähe von Wien, er lernte Deutsch und sog alles auf, was die Stadt einem jungen Arbeiter politisch und kulturell bieten konnte. Mit zwanzig war er ein qualifizierter Metallarbeiter, Sozialist und gewerkschaftlich organisiert.

Für Außenstehende war das Potenzial dieser vier Männer damals nicht erkennbar. War der spätere Adolf Hitler, der Politiker und Gewaltmensch, verantwortlich für Massenmorde und den Zweiten Weltkrieg, in seiner Wiener Zeit als solcher auszunehmen? Zeichnete sich sein Führungsanspruch bereits ab, war so etwas wie politisches Charisma bemerkbar oder war er ein Niemand mit Vorurteilen und gescheiterten Ambitionen? Eher Letzteres. Er trieb in der Masse der Unterstandslosen und an den Rand Gedrängten mit. Aus diesen Verhältnissen lässt sich seine spätere Karriere nicht ableiten oder auch nur erahnen. Weder durch besondere Begabung noch durch Skrupellosigkeit stach er aus dem grauen Heer der Wiener Arbeitslosen heraus. Nie sprach er davon, Politiker werden zu wollen. Man hätte den Sonderling in diesem Milieu wohl auch ausgelacht. Es war leicht zu durchschauen, dass er bloß angelesene Phrasen aus sektiererischen Zeitschriften und Büchern von sich gab. Die Kluft zur intellektuellen Elite Wiens war unvorstellbar groß.

Es war folgerichtig, dass er als Diktator alles, was an diese Jahre erinnerte, zu eliminieren versuchte. Erstaunlich, was die biografische Forschung trotz der dramatischen Quellenarmut an Zeugnissen ausfindig machen konnte. Es entsteht das Bild eines alleinstehenden jungen Mannes, eines nach seiner eigenen Formulierung „einsamen Wanderers", der sich trotz seiner Mittellosigkeit zu einer angeblichen deutschen „Elite" zählte und der Wiener Moderne mit Unverständnis gegenüberstand.

Abseits von dem berühmten künstlerisch-intellektuellen Wien sog er antiurbane, rassistische und antisemitische Strömungen auf. Aus diesen zusammengelesenen Bruchstücken deutschvölkischer Obskuranten formte er seine „Weltanschauung", die im krisengeschüttelten Deutschland Jahre später zur gefährlichen Munition wurde. Viele in neuerer Zeit vorgelegte Quellen belegen, dass sich Hitler bei seiner Ankunft in München 1913 schon extrem antisemitisch äußerte, also in Wien sein rassistisches Profil bereits voll ausgebildet hatte.

Die von ihm gehasste Hauptstadt des Habsburgerreiches hat ihn also stark geprägt. Man kann das seinem Buch „Mein Kampf" sowie seinen meist in Monologe ausartenden Tischgesprächen entnehmen: „Wien aber war und blieb für mich die schwerste, wenn auch gründlichste Schule meines Lebens ... Ich erhielt in ihr die Grundlagen für eine Weltanschauung im großen und eine politische Betrachtungsweise im kleinen, die ich später nur noch im einzelnen zu ergänzen brauchte, die mich aber nie mehr verließen." Hitler stilisierte sich als unverdorbenen Mann aus der Provinz, der in Wien sein Erweckungserlebnis als Antisemit gehabt, in Karl Lueger seinen politischen Lehrmeister gefunden und in den Bauten der Ringstraße seine künstlerische Ader entdeckt habe. Als Führer des Deutschen Reiches konnte er diese Ideen dann verwirklichen.

Gedanklich kehrte er immer wieder zu seinen Anfängen und Jugendjahren zurück, wie überhaupt seine Denk- und Handlungsweise von einer „bemerkenswerten Starre und Beratungsresistenz" (Roman Sandgruber) gekennzeichnet war. „Einmal festgelegte Meinungen hat er kaum jemals geändert", schreibt Sandgruber, „weder im ideologischen noch im politischen und militärischen Bereich und auch nicht im künstlerischen. ... Verschanzt im Berliner Führerbunker, versenkte und flüchtete er sich in die wirre Traumwelt seiner Kindheit. Was blieb, war Chaos."

Als sowjetische Truppen 1945 vom Osten her Österreichs Grenzen überschritten, folgte eine skurril anmutende Aktion: Der fast 75-jährige Karl Renner, der sich während des Kriegs in sein Sommerhaus in Gloggnitz zurückgezogen hatte, ergriff die Initiative und wandte sich schriftlich an Stalin. Der soll ausgerufen haben: „Was, der alte Fuchs lebt noch?!" Renner war ihm seit seinem Aufenthalt in Wien im Jänner 1913 ein Begriff. Stalin hatte sich damals Renners Aufsätze über das Nationalitätenproblem der Habsburgermonarchie übersetzen lassen. Am 15. April 1945 schickte Renner dann seinen berühmten handschriftlichen Brief nach Moskau, der nicht frei von Schmeicheleien war. Renner bedauerte, Stalin nie persönlich kennengelernt zu haben, und er erwähnte dessen Todfeind Trotzki und dessen Exiljahre in Wien. War Renner wirklich so naiv oder steckte ein raffinierter Plan dahinter?

Jedenfalls war der Brief erfolgreich. Der Diktator beauftragte Renner mit der Bildung einer provisorischen Regierung für Österreich. „War Stalin sentimental geworden", so Werner Michael Schwarz, „jetzt am Höhepunkt seines Triumphes und gefiel ihm diese Anspielung auf eine Zeit, in der er im Vergleich zum damals bereits bekannten Austromarxisten und Reichsratsabgeordneten Renner ein hilfsbedürftiger russischer Emigrant war, auf den in Wien wohl niemand gesetzt hätte? Stalin, so könnte Renners Kalkül gewesen sein, sollte durchaus erinnert werden, dass die Oktoberrevolution und damit dessen eigener Aufstieg ohne die Hilfe der österreichischen Sozialdemokraten 1914 so wohl nicht stattgefunden hätte." Eine Anspielung auf die Unterstützung Victor Adlers für die mittellosen russischen Emigranten, die Wien 1914 unbehelligt verlassen konnten.

In einem anderen Fall war Stalin nicht so sentimental, nämlich im Fall von Nikolai Bucharin, der 1913 in Wien studiert, geschrieben und gehungert hatte und ihm bei der Arbeit an seinem Nationalitäten-Essay behilflich war. Nach der Oktoberrevolution wurde Bucharin ein ideologischer Gegenpol zu Stalin, er wählte anders als Trotzki nicht den Weg der Emigration und wurde am 13. März 1938, dem Tag, an dem Österreich unterging, nach einem Schauprozess von einem Hinrichtungskommando ermordet.

Bemerkenswert ist, dass bis heute in Wien an der Schönbrunner Schloßstraße 30 eine Stalin-Gedenktafel existiert, die an seinen Aufenthalt von 1913 in diesem Haus erinnert. Sie wurde am 21. Dezember 1949 auf Initiative der Kommunistischen Partei Österreichs (KPÖ) anlässlich von Stalins 70. Geburtstag enthüllt. Bürgermeister Theodor Körner von der SPÖ nahm an der Enthüllungszeremonie teil und hielt eine Rede. Es handelt sich um eine Marmortafel mit einem bronzenen Flachrelief von Stalins Profil mit der kurzen Inschrift: „In diesem Haus wohnte im Jänner 1913 J. W. Stalin. Hier schrieb er das bedeutende Werk ‚Marxismus und nationale Frage'." Offenbar sollte hier 1949 eine Brücke geschlagen werden von der Vergangenheit (Stalins Besuch) zur Gegenwart (Stalin als Führer einer der Befreiermächte). Das Denkmal lässt sich einordnen in den Rahmen der internationalen Respekts- und Bewunderungsbekundungen gegenüber dem sowjetischen Staatsoberhaupt. So wurde die Enthüllung im offiziellen Moskau auch interpretiert.

Die meisten dem sowjetischen Diktator gewidmeten Denkmäler überall in der Welt wurden in den späten 1950er- oder frühen 1990er-Jahren entfernt. Welcher Erinnerungswille hat das in Wien verhindert? Wurde die Gedenktafel einfach vergessen oder hat sie einen Stellenwert in Österreichs „Vergangenheitspolitik"? Man könnte zur Rechtfertigung sagen: Österreich will nicht einen Diktator verherrlichen, sondern Herr über einen Teil seiner Erinnerungskultur bleiben. Kritiker wenden ein, dass die Gedenktafel ausschließlich an eine harmlose Periode von Stalins Lebens erinnert und den verbrecherischen Diktator außer Acht lässt, und das zeuge von „Geschichtsrevision und Geschichtsvergessen" (Eliza Kriza). Die Stadt Wien reagierte auf die Kritik: Im Jahr 2012 wurde im Zuge einer Überprüfung historisch fragwürdiger Straßennamen eine Zusatztafel montiert, die auf die Millionen Opfer des kommunistischen Diktators verweist.

Sowjetische Stalin-Biografien erwähnen seinen Aufenthalt in Wien 1913 oft gar nicht, sie stellen seine Arbeit an der Nationalitätenfrage als einen langen Prozess dar. Wien sei da nicht mehr als eine Vorstufe. Das ist insofern richtig, als in Wien tatsächlich nicht das letzte Wort von Stalin zu diesem Problem geschrieben wurde. Geringschätzen sollte man den jungen Stalin, dem Trotzki provinzielle „Mittelmäßigkeit" attestierte, aber nicht. Wie bei Hitler muss man sich um Erklärungen bemühen, wie aus ihm der „Koloss des zwanzigsten Jahrhunderts" (Simon Sebag Montefiore) wurde. Stalins Aufstieg hat sehr viel mit den Jahren vor der Oktoberrevolution zu tun. Er lernte – auch in Wien – viele Personen kennen, die in den Jahren seiner Herrschaft die sowjetische Machtelite bilden sollten.

Dass er zu denen gehören würde, die sich vor Stalin hüten mussten, war für den sich überlegen fühlenden Trotzki damals unvorstellbar. Der berauschend eloquente und schriftstellerisch brillante Intellektuelle fühlte sich dem brutalen und groben georgischen Bauern um Lichtjahre überlegen und verhöhnte ihn bei jeder Gelegenheit. Die Verachtung war gegenseitig, beide gingen sich in Wien aus dem Weg. Doch selbst wenn sie gut miteinander ausgekommen wären, zeigt das Beispiel von Nikolai Bucharin, mit dem Stalin in Wien kooperierte, wie Freundschaften bei Stalin enden können. Zwei Jahre nach Bucharin, 1940, ließ er Trotzki in Mexiko ermorden.

Für die Protagonisten dieses Buches bedeutete der Beginn des Ersten Weltkriegs einen entscheidenden Wendepunkt. Hitler empfand den Kriegsausbruch als Befreiungserlebnis und ließ sich von der überbordenden patriotischen Euphorie im Deutschen Kaiserreich mittragen. Er war außer sich vor Freude, als er beim Heer für tauglich befunden wurde. Der Krieg war für ihn „das größte Erlebnis überhaupt".

Stalin und Trotzki erkannten, dass der Krieg ihnen politische Chancen eröffnen und den Weg zur Macht ebnen würde. Sieben Jahre nach seiner Abreise war Trotzki plötzlich wieder in Wien präsent, aber nicht in Fleisch und Blut, sondern auf einem Plakat. In einer von der KPÖ organisierten Ausstellung sah man einen riesenhaften Rotgardisten, der breitbeinig über einer Landkarte von Russland steht und ein Gewehr mit Bajonett in Händen hält. Der Zwicker und der mephistophelische Bart verrieten, dass es sich hier um den Herrn Bronstein aus dem Café Central handelte. Manche werden ihn wiedererkannt haben.

Das Herz des Kroaten Josip Broz, der als Tito Gründer des zweiten jugoslawischen Staates werden sollte, schlug für die Balkanvölker. „Als er Anfang 1913 in die österreichische Kaserne in Wien kam", schreibt sein Biograf Vilko Vinterhalter, „war er kein verstörter Bauernbursche, der wie viele seiner Kameraden und Generationen kroatischer Bauern Kanonenfutter für die österreichisch-ungarische Armee abgab. Ein Gefreiter begrüßte ihn mit den Worten: ‚Oh, Sie sind auch hier, Herr Sozialist!'"

Die Säulen ihres Lebenswerks versanken bei allen vier in Trümmern, bei Hitler mit seinem Selbstmord 1945, bei Trotzki mit seiner Ermordung 1940, ab da durfte in der Sowjetunion bis zu ihrem Untergang nicht einmal sein Name genannt werden, bei Stalin und Tito vollzog sich die endgültige Demontage in den neunziger Jahren. Doch die Ideen, die im Wien von 1913 in ihren Köpfen zu kreisen begonnen hatten, veränderten ein ganzes Jahrhundert.

Literatur und Quellen

Wien um 1900 als Experimentierraum des Geistes und Labor neuer Ideen ist nicht Thema dieses Buches. Das erste Kapitel bietet nur einen kurzen Streifzug und stützt sich dabei auf die „Klassiker" des Genres, **Carl E. Schorskes** „Wien. Geist und Gesellschaft im Fin de Siècle" (mehrere Auflagen, zuletzt Wien 2017) und **William M. Johnstons** „Österreichische Kultur- und Geistesgeschichte. Gesellschaft und Ideen im Donauraum 1848 bis 1938" (Wien 1972). Zitiert wurde aus **Berta Zuckerkandls** Erinnerungen „Österreich intim" (Wien 1913), die Zitate von **Berthold Viertel** stammen aus der Biografie von **Katharina Prager**: „Berthold Viertel. Eine Biografie der Wiener Moderne" (Wien 2018).

Dazu kommen **Friedrich Engel-Jánosi**: „... aber ein stolzer Bettler. Erinnerungen aus einer verlorenen Generation" (Wien/Graz 1974), **Stefan Zweig**: „Die Welt von Gestern. Erinnerungen eines Europäers" (1942), **Felix Salten**: „Das österreichische Antlitz" (Berlin 1909), die Erinnerungen von **Friedrich August von Hayek** und **Manès Sperber**, die neuere Darstellung von **Arne Karsten**: „Der Untergang der Welt von gestern: Wien und die k.u.k. Monarchie 1911–1919" (München 2019), **Frederic Morton**: „Wetterleuchten 1913/14" (Wien 1990), **Hans-Peter Wipplinger**: „Wien 1900 – Aufbruch in die Moderne" (Wien 2019) sowie „Wien. Geschichte einer Stadt, Band 3. Von 1790 bis zur Gegenwart", hrsg. von **Peter Csendes**. Die Einleitung nimmt Bezug auf das Buch „1913. Der Sommer des Jahrhunderts" von **Florian Illies** (Frankfurt 2012).

Zu Josef Stalins ersten Lebensjahrzehnten wurden folgende Biografien herangezogen: **Simon Sebag Montefiore**: „Der junge Stalin" (Frankfurt 2007), **Robert Payne**: „Stalin. Macht und Tyrannei" (Stuttgart 1978), **Oleg Chlewnjuk**: „Stalin. Eine Biographie" (München 2015). Zu seiner Nationalitätenpolitik **Victor Dönninghaus**: „Minderheiten in Bedrängnis. Sowjetische Politik gegenüber Deutschen, Polen und anderen Diaspora-Nationalitäten 1917–1938" (München 2009). Die parallelen Lebensläufe von Stalin und Hitler hat **Alan Bullock** beschrieben: „Hitler und Stalin" (Berlin 1991).

Aus der Unmenge an Literatur zu Hitler wurde herangezogen: **Brigitte Hamann**: „Hitlers Wien. Lehrjahre eines Diktators" (München 1996), auch in der überarbeiteten Version von **Johannes Sachslehner** und **Oliver Rathkolb** (Wien/Graz 2022), **Hannes Leidinger, Christian Rapp** u. a.: „Hitler: prägende Jahre. Kindheit und Jugend 1889–1914" (Salzburg/Wien 2020), **J. Sidney Jones:** „Hitlers Weg begann in Wien 1907–1913" (München 1999), **Ian Kershaw:** „Hitler 1889–1936" (Stuttgart 1998), **Roman Sandgruber:** „Hitlers Vater. Wie der Sohn zum Diktator wurde" (Wien/Graz 2021), **Anna Maria Sigmund:** „Diktator, Dämon, Demagoge. Fragen und Antworten zu Hitler" (München 2006). Einige Zitate stammen aus Hitlers Schrift „Mein Kampf".

Zu Trotzki wurde folgende Literatur herangezogen: **Victor Serge:** „Leo Trotzki. Leben und Tod" (Wien 1978), **Isaac Deutscher:** „Trotzki" (Stuttgart 1962), **Robert Service:** „Trotzki. Eine Biographie" (Berlin 2012), **Julijana Ranc:** „Trotzki und die Literaten" (Stuttgart 1997), **Gertraud Marinelli-König** und **Nina Pavlova** (Hrsg.): „Wien als Magnet? Schriftsteller aus Ost-, Ostmittel- und Südosteuropa über die Stadt" (Wien 1996), „Silver Age: Russische Kunst in Wien um 1900", hrsg. von **Agnes Husslein-Arco** und **Alfred Weidinger** (Wien 2014). Über seine Ehe schreibt **Dietmar Grieser** in „Eine Liebe in Wien" (Wien 1989). Trotzkis Erinnerungsband nennt sich „Mein Leben: Versuch einer Autobiographie" (Berlin 1961).

Die verwendete Literatur zu Josip Broz Tito stammt von **Marie-Janine Calic:** „Tito. Der ewige Partisan" (München 2020), **Vilko Vinterhalter:** „Tito. Der Weg des Josip Broz" (Wien 1969), **Louis Adamic:** „The Eagle and the Roots" (New York 2022), **Vladimir Dedijer:** „Tito" (Eschenburg Press 2018). Dazu **Alfred Fogarassy** (Hrsg.): „Ignaz Gridl. Eisenkonstruktionen: Ingenieurbaukunst und Innovation im späten 19. Jahrhundert" (Wien 2011), „Austro-Daimler Automobile" (Wien 1914), **Christian Zach:** „Austro Daimler Wiener Neustadt" (Berndorf 2019), „Welt in Bewegung! Stadt, Geschichte, Mobilität" (Schallaburg 2019), **Karl E. Ludvigsen:** „Ferdinand Porsche, Genesis des Genies" (Bielefeld 2010). Die Recherchen von **Ulla Hofmann** zu Titos Lebenslauf erschienen u. a. am 17.9.2018 im „Mannheimer Morgen" unter dem Titel „Titos Lehrjahre als Schlosser beim Benz".

Zusammenfassend zur russischen Szene in Wien (mit genauen Recherchen zu den Aufenthaltsorten): **Paul Kutos:** „Russische Sozialdemokraten in Wien (1900–1917)" (Diplomarbeit 1992) sowie ders.: „Russische Revolutionäre in Wien 1900–1917: Eine Fallstudie zur Geschichte der politischen

Emigration" (Wien 1993), **Hannes Leidinger** und **Verena Moritz:** „Russisches Wien: Begegnungen aus vier Jahrhunderten" (Wien 2004), **Gennadij Kagan:** „Oh, du mein russisches Österreich: Ansichten und Einblicke eines russischen Wieners" (Wien 2005), **Joseph Gepp:** „Drei Russen in Wien" (Falter, 7.11.2007, und auf Falter online am 10.8.2011).

Zum Zustand der Donaumonarchie wurde verwendet: **Pieter M. Judson:** „Habsburg. Geschichte eines Imperiums 1740–1918" (München 2017), **Reinhard Petermann:** „Wien im Zeitalter Kaiser Franz Josephs I. Schilderungen" (Wien 1908), **Aurel Popovici:** „Die Vereinigten Staaten von Groß-Österreich: politische Studien zur Lösung der nationalen Fragen und staatsrechtlichen Krisen in Österreich-Ungarn" (Leipzig 1906), **Barbara Bauer:** „Ungarn und Österreich: eine konstitutionelle Monarchie im Interessenkonflikt der Nationalitäten" (Diplomarbeit 2002), **Christian Reinhardt:** „Edmund Bernatzik. Leben, Wirken und Werk" (Dissertation, Wien 2017). Die Zitate zu Oberst Redl stammen aus **Verena Moritz, Hannes Leidinger:** „Oberst Redl: der Spionagefall, der Skandal, die Fakten" (Wien 2012).

Folgende Bücher wurden zur Wiener Kaffeehauskultur herangezogen: **Herbert Lehmann:** „Café Central Palais Ferstel, Wien. Wiener Genusskultur einst und jetzt" (Wien 2011), **Richard Marek:** „50 Jahre Café Central" (Wien 1926), **Andreas Augustin:** „Das Cafe Central treasury: Geheimnisse eines berühmten Kaffeehauses" (London 2007), **Anna-Maria Bauer:** „Von Palais zu Café: Glanz & Glorie der Wiener Herrengasse" (Wien 2016) sowie **Ernst Wolfram Marboe:** „Café Central" (Wien 1989).

Zum Thema Arbeiter und Sozialdemokratie wurden verwendet: **Helmut Konrad:** „Nationalismus und Internationalismus: Die österreichische Arbeiterbewegung vor dem Ersten Weltkrieg" (Wien 1976), **Alfred Magaziner:** „Die Bahnbrecher aus der Geschichte der Arbeiterbewegung" (Wien 1985), **Harald Troch:** „Rebellensonntag: Der 1. Mai zwischen Politik, Arbeiterkultur und Volksfest in Österreich (1890–1918)" (Wien 1991), **Michael Mesch:** „Arbeiterexistenz in der Spätgründerzeit: Gewerkschaften und Lohnentwicklung in Österreich 1890–1914" (Wien 1984), **Therese Weber:** „Häuslerkindheit" (Wien 1992).

Die meisten Zitate stammen aus **Wolfgang Maderthaner:** „Arbeiterbewegung in Österreich und Ungarn bis 1914" (Wien 1986) und „Kultur Macht Geschichte. Studien zur Wiener Stadtkultur im 19. und 20.

Jahrhundert" (Wien 2005). Häufig zitiert wurde auch **Max Winter**: „Arbeitswelt um 1900. Texte zur Alltagsgeschichte" (Wien 1988). Zur Migrationsproblematik wurde verwendet: **Elisabeth Röhrlich** (Hrsg.): „Migration und Innovation um 1900. Perspektiven auf das Wien der Jahrhundertwende" (Wien 2016), **Ingrid Bauer, Josef Ehmer, Sylvia Hahn** (Hrsg.): „Walz – Migration – Besatzung. Historische Szenarien des Eigenen und des Fremden" (Klagenfurt 2002), darin Sylvia Hahn: „Migranten als Fremde – fremd als Migranten. Zuwanderung in Wien und Niederösterreich im 18. und 19. Jahrhundert", **Klaus J. Bade**: „The encyclopedia of migration and minorities in Europe" (Cambridge 2011), **Hannes Grandits**: „Familie und sozialer Wandel im ländlichen Kroatien" (Wien 2002).

Speziell zur Person Victor Adler wurde gelesen: **Julius Braunthal**: „Victor und Friedrich Adler: zwei Generationen Arbeiterbewegung" (Wien 1965), **Robert Misik**: „Ein seltsamer Held. Der grandiose, unbekannte Victor Adler" (Wien 2016), **Lucian O. Meysels**: „Victor Adler. Die Biographie" (Wien 1997).

Das Zitat im Schlusskapitel von **Werner Michael Schwarz** erschien am 25.4.2020 im Wien Museum Magazin unter dem Titel „Radikaler Pragmatismus". Von **Eliza Kriza** stammen zwei Aufsätze zur Stalin-Gedenktafel in Wien: „The memorial as a magnifying glass: Interpreting the Stalin plaque in Vienna" (German Life and Letters, Juli 2015) und „The Stalin plaque in Vienna: hiding and showing history" (European Review of History 26, 2019, S. 409-427). 2023 erschien der Sammelband „Das Wiener Zinshaus", hrsg. von **Alfred Fogarassy**, daraus stammen einige Zitate zur Wohnsituation um 1900.

Die genannten Zeitungsartikel stammen allesamt aus **anno.onb.ac.at**, dem Digitalisierungsprojekt der **Österreichischen Nationalbibliothek**, dem zahlreiche Historikerinnen und Historiker viel verdanken.

Personenregister

Adolf Hitler, Josef Stalin, Josip Broz Tito und Leo Trotzki, die vier Protagonisten dieses Buches, finden naturgemäß laufend Erwähnung und werden nicht eigens angeführt.

A

Adamic, Louis 38
Adler, Alfred 79, 83, 84
Adler, Friedrich 13, 130, 138, 169
Adler, Max 104, 132, 136
Adler, Raissa 84
Adler, Victor 6, 13, 23, 24, 41, 43, 84, 85, 94, 95, 103, 130, 132, 133, 134, 137, 138, 139, 140, 141, 164, 165, 168, 169, 170, 178
Akinsha, Konstantin 107
Alexander der Große 8
Alexandra Fjodorowna, Zarin 91
Altenberg, Peter 101, 103
Aristoteles 8
Austerlitz, Friedrich 23, 112
Axelrod, Pawel 96

B

Baberowski, Jörg 71
Badeni, Kasimir 124
Bahr, Hermann 106
Baudelaire, Charles 43
Bauer, Otto 103, 104, 134, 136, 137, 138, 140, 141, 144
Beer-Hofmann, Richard 13
Beethoven, Ludwig van 11, 12
Benz, Carl 67
Berchtold, Leopold Graf 92, 163, 164
Bernatzik, Edmund 122, 123

Bismarck, Otto von 122
Borochow, Ber 133
Bosel, Siegmund 137
Brady, Philipp 157
Brahms, Johannes 14
Brandt, Willy 67
Broch, Hermann 120
Bronstein, Sinaida L. 88
Broz, Ana 158
Broz, Franjo 36, 37
Broz, Marija 36
Broz, Martin 153
Bucharin, Nikolai 75, 97, 105, 142, 145, 178, 180
Bullock, Alan 25, 57
Buxbaum, Josef Max 21, 80

C

Cankar, Ivan 16
Chotek, Sophie 125
Hötzendorf, Franz Conrad von 162, 163
Chruschtschow, Nikita 109
Churchill, Winston 161
Czernin, Ottokar 78

D

Deutscher, Isaac 143, 144
Deutsch, Julius 102, 104, 168
Djagilew, Sergei 108, 109
Dönninghaus, Victor 144

Dor, Milo 104
Drasche, Heinrich 16, 65
Dreher, Anton 75
Dürrenmatt, Friedrich 9

E

Egger-Lienz, Albin 107
Ehrenburg, Ilja 109
Elisabeth von Österreich-Ungarn 91
Engel-Jánosi, Friedrich 12, 122
Engels, Friedrich 43

F

Ferstel, Heinrich 103
Frankl (Branntweiner) 170, 171
Franz Ferdinand von Österreich-Este 13, 78, 119, 123, 125, 126, 129, 130, 162, 163, 164, 175
Franz Joseph I. 7, 12, 13, 15, 18, 111, 120, 121, 122, 123, 125, 126, 127, 129, 130, 138, 139, 140, 157, 162, 163, 166, 170
Freud, Sigmund 13, 83, 84, 172
Fromm, Erich 27
Furtmüller, Aline geb. Klatschko 85, 86

G

Gayer, Edmund von 170
Gessner, Franz 136
Gessner, Hubert 136
Goethe, Johann Wolfgang von 12
Gogol, Nikolai 107
Gorki, Maxim 71, 73, 83
Gridl, Ignaz 68, 69

H

Hahn, Sylvia 151
Hamann, Brigitte 57, 113
Hanisch, Reinhold 57, 58
Hauptmann, Gerhart 107
Haydn, Joseph 14
Hayek, Friedrich August von 12
Heiden, Konrad 57
Heine, Thomas Theodor 106
Herzl, Theodor 14, 86
Hilferding, Rudolf 136
Hitler, Alois 28
Hochhuth, Rolf 9
Hofmannsthal, Hugo von 13, 106, 131
Hofmann, Ulla 68

I

Ibsen, Henrik 107
Illies, Florian 8, 174

J

Jellinek, Emil 154
Jettel von Ettenach, Emil 92
Joffe, Adolf A. 83, 84, 97
Joffe, Nadeschda A. 84
Johnston, William M. 14
Judson, Pieter M. 120

K

Kaes, Ghislaine 157
Kagan, Gennadi 92, 93
Kamenew, Alexander L. 88
Kamenewa, Olga D. 87, 88
Kamenew, Lew 87
Kannonier, Reinhard 172
Kann, Robert A. 126

Karas, Nikolas 62
Kisch, Egon Erwin 100
Kläger, Emil 59
Klatschko, Samuel L. 84, 85, 138
Klimt, Gustav 11
Kokoschka, Oskar 13, 172
Kolowrat-Krakowsky, Alexander Josef 157
Kopp, Viktor 97
Körner, Theodor 178
Krammer, Marion 50
Kraus, Karl 13, 102, 106
Kreisky, Bruno 104
Kriza, Eliza 179
Kubizek, August 53
Kuh, Anton 101, 103
Kunschak, Leopold 115
Kutos, Paul 78

L

Laier, Ludwig 68
Landau, L. A. 94, 95
Leidinger, Hannes 94, 97, 166, 167
Lenin, Wladimir I. 6, 10, 22, 26, 27, 41, 42, 45, 70, 71, 72, 73, 75, 82, 83, 84, 87, 94, 95, 96, 97, 104, 105, 132, 133, 143, 144, 145, 147, 148
Lueger, Karl 54, 110, 111, 112, 113, 128, 139, 176
Luther, Martin 8, 82
Luxemburg, Rosa 133

M

Maderthaner, Wolfgang 15, 16, 114
Magris, Claudio 104
Mahler, Gustav 13, 15

Mahler-Werfel, Alma 172
Malmberg, Helga 103
Man, Hendrik de 106
Mann, Thomas 120
Mansfeld, Alfred 44
Maria Theresia von Österreich 55
Marx, Karl 43, 68, 147, 172
Metternich, Klemens Wenzel Lothar von 12
Michalowska, Maria 77
Michelangelo 8
Moritz, Verena 94, 166, 167
Morosow, Paul 96
Müntzer, Thomas 82
Musil, Robert 7, 121
Mussolini, Benito 105

N

Nicolai, Friedrich 100
Nietzsche, Friedrich 107
Nijinsky, Vaslav 172
Nikolaus II., Zar 90

P

Plechanow, Georgi 96
Polgar, Alfred 103
Popovici, Aurel 119, 121, 126
Porsche, Ferdinand 154, 155, 156, 157

R

Ranc, Julijana 106, 168
Rautenstrauch, Johann 99
Redl, Alfred 166, 167, 170
Redlich, Josef 122
Renner, Karl 16, 103, 114, 127, 136, 144, 177
Rodin, Auguste 11

Rosmirowitsch, Jelena F. 73, 74, 75, 142
Roth, Joseph 14
Rudolf von Österreich-Ungarn 13, 127

S

Sachslehner, Johannes 59
Salten, Felix 18, 110, 111, 157, 158
Sandgruber, Roman 177
Schatzker, Otto 59
Schiller, Friedrich 12
Schmidt, Helmut 67
Schnitzler, Arthur 11, 13, 106, 122, 131, 167
Schönberg, Arnold 109
Schönerer, Georg von 112
Schorske, Carl E. 8, 13
Schubert, Franz 11, 14
Schuhmeier, Franz 114, 115, 117
Schuller, Wenzel 162
Schwarz, Werner Michael 177
Schwarzwald, Eugenie 86
Sebag Montefiore, Simon 73, 179
Sedowa, Natalja I. 42, 43, 46, 77, 78, 79, 80, 81, 84, 86, 167
Sedow, Lew L. 78, 79
Sedow, Sergej L. 79
Seitz, Karl 139
Serge, Victor 44
Service, Robert 86, 87
Sigmund, Anna Maria 57
Sinzinger, Franz 155
Somary, Felix 120
Speer, Albert 68
Speer, Albert Friedrich 68
Sperber, Manès 14
Spiel, Hilde 104

Stellmacher, Heinrich 95
Stoppard, Tom 9
Strawinsky, Igor 109, 172
Stürgkh, Karl Graf 128, 129, 130

T

Tegetthoff, Wilhelm von 21
Tisza, Stefan 129
Tolstoi, Leo N. 107
Torberg, Friedrich 104
Trojanowski, Alexander A. 73, 74, 75, 76, 97, 142
Trojanowski, Galina 75
Trojanowski, Oleg 76
Twain, Mark 124, 125

V

Viertel, Berthold 13, 112
Vinterhalter, Vilko 37, 39, 180

W

Wagner, Richard 30, 31, 53
Weber, Max 173
Weber, Therese 37
Wedekind, Frank 106, 107
Weigl, Johann 75
Weiland, Olga 75, 142
Weisskopf, Victor F. 12
Werfel, Franz 101
Wilde, Harry 105
Wilhelm II. 138
Winter, Max 32, 33, 54, 65, 116, 159

Z

Zuckerkandl, Berta 11
Zweig, Stefan 111, 116, 131, 173

Dank

Danksagungen zu verfassen ist eine undankbare Sache. Die Zahl der Institutionen und Personen, die einem Autor begleitend und beeinflussend die Hand gereicht haben, ist unüberschaubar groß. Meine berufliche Laufbahn jedenfalls wurde geprägt durch eine Zeitung, „Die Presse". Ich danke den Chefredakteuren Andreas Unterberger, Michael Fleischhacker, Rainer Nowak und Florian Asamer für ihre Einladung, regelmäßig zu schreiben, Artikel, Reportagen und historische Magazine. Matthias Opis vom Molden Verlag hat mich ermuntert, über „Marx in Wien" zu arbeiten, Stefan Schlögl war der Initiator des nun vorliegenden Buchs über 1913. Danke auch an die Mitarbeiter der Österreichischen Nationalbibliothek für ihre Unterstützung. Vor allem die Historiker Hannes Leidinger, Wolfgang Maderthaner und Paul Kutos haben wichtige Forschungsarbeit zu diesem Buch geleistet. Auf ihren Schultern stehend konnte ich das Thema überblicken und bewältigen. Die Erstleserin war meine Ehefrau Anneliese. Ich danke ihr für Kritik und Zuspruch.

Über den Autor

Günther Haller studierte Geschichte und Germanistik. Er verfasst regelmäßig Reportagen und Porträts zu historischen Themen im Feuilleton der Tageszeitung „Die Presse". Haller ist Begründer und Autor der Magazinreihe „Die Presse Geschichte". Im Molden Verlag erschien von ihm zuletzt „Marx und Wien. Von den Barrikaden zum Gemeindebau".

Liebe Leserin, lieber Leser,

hat Ihnen unser Buch gefallen?

Dann freuen wir uns über Ihre Weiterempfehlung! Und erzählen Sie davon. Ihren Freundinnen und Freunden, Ihrer Buchhändlerin oder Ihrem Buchhändler. Weil jede gute Geschichte davon lebt, weitergetragen zu werden.

⊙ ⊙ / StyriaBuchverlage

#cafeuntergang
#wien1913
#moldengeschichte
#moldenverlag

Wollen Sie weitere Informationen zu unserem Programm? Möchten Sie mit dem Autor in Kontakt treten? Wir freuen uns auf Austausch und Anregung unter leserstimme@styriabooks.at

Inspiration, Geschenkideen und gute Geschichten finden Sie auf www.styriabooks.at

STYRIA BUCHVERLAGE

© 2023 by Molden Verlag in der
Verlagsgruppe Styria GmbH & Co KG Wien
Alle Rechte vorbehalten.

Bücher aus der Verlagsgruppe Styria gibt es in jeder Buchhandlung und im Online-Shop
www.styriabooks.at

ISBN 978-3-222-15114-9

Projektleitung: Stefan Schlögl
Lektorat, Korrektorat: Joe Rabl
Coverillustration: P.M. Hoffmann, pmhoffmann.de
Umschlag und Layout: Buero Blank – branding & design
Vor- und Nachsatz: P.M. Hoffmann. Karten-Illustration auf Grundlage des Pharus-Plans Wien (1912), Wien Museum.
Satz: Burghard List
Herstellungsleitung: Maria Schuster
Druck und Bindung: Graspo, Zlín
Printed in the EU
7 6 5 4 3 2

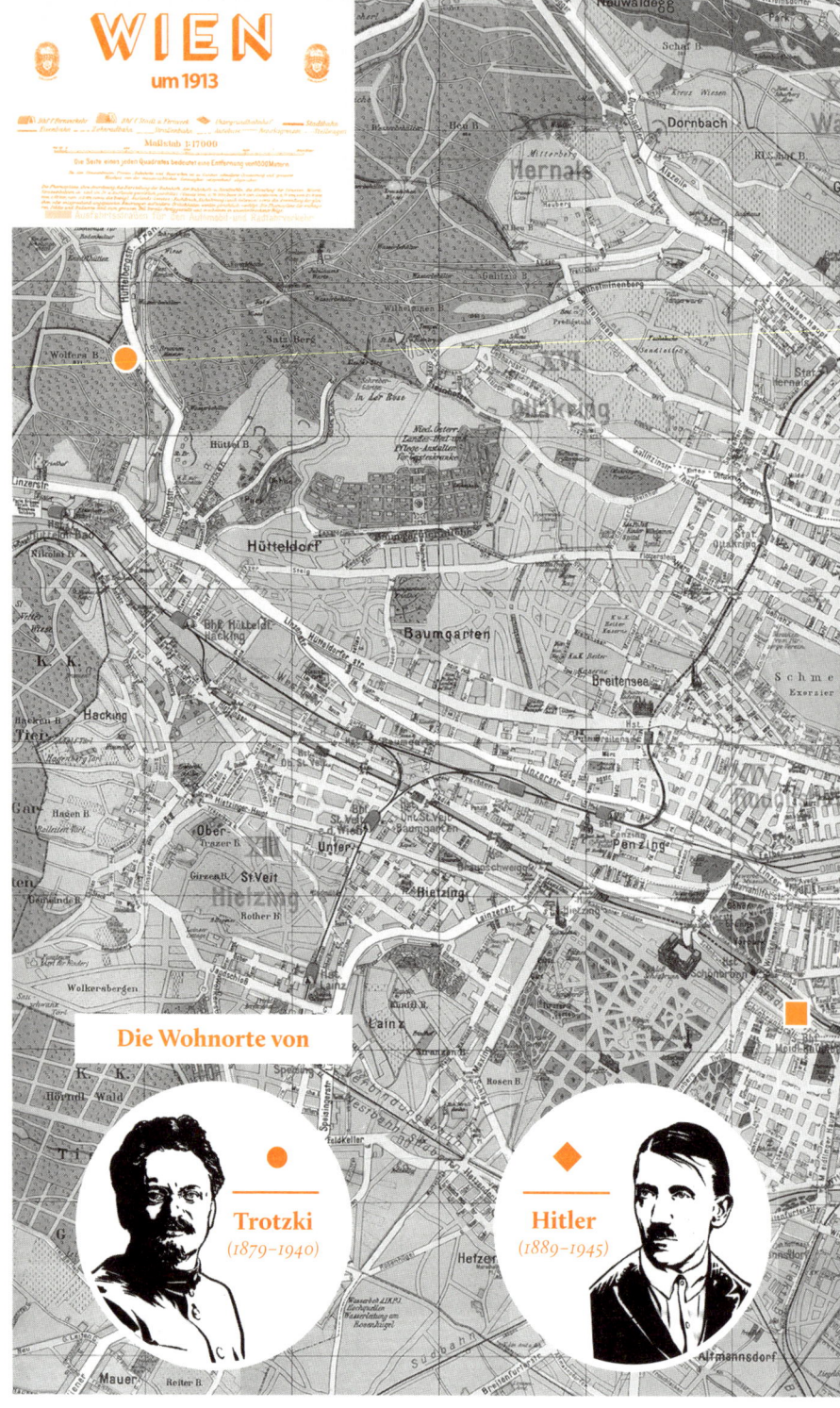